CÉCILE, MA FILLE, MA DISPARUE

JONATHAN OLIVER
avec Brigitte Hemmerlin

CÉCILE

MA FILLE, MA DISPARUE

Préface de Me Caty Richard

ARCHIPOCHE

Notre catalogue est consultable à l'adresse suivante :
www.archipoche.com

Éditions Archipoche
34, rue des Bourdonnais
75001 Paris.

ISBN 978-2-37735-063-6

À Cécile, ma fille très aimée et très aimante,
dans l'espoir ardent que tu sois en paix
et que je saurai ce que tu es devenue.

PRÉFACE

Cette affiche, je l'ai vue des dizaines de fois au cours de mes déplacements, placardée dans les aéroports ou les gares. Photos d'enfants et d'adolescents souriants, tous disparus sans laisser de traces. Aux côtés de Yannis et d'Estelle, de Ludovic et de Marion, il y avait le visage de Cécile Vallin. Joues fraîches, cheveux coupés court, regard amusé, elle fixait l'objectif, heureuse. Une ado sportive, à la beauté saine et rayonnante. Sous le portrait, quelques mots. « Cécile Vallin, née le 28 octobre 1979, disparue le 8 juin 1997 à Saint-Jean-de-Maurienne (73). » Je ne savais pas encore combien elle et moi allions devenir proches.

C'est en 2003 que Chloé Oliver, la sœur aînée de Cécile, est venue me demander d'être son avocat – et de l'aider à la retrouver. À l'écouter parler, à mots doux et porteurs d'émotion, la photo s'est animée. La jeune disparue a pris corps. Derrière le cliché se cachait une jeune fille brillante, vive et sensible, férue de philosophie et d'escalade, amoureuse de la vie. Et qui, un jour, à la veille de son baccalauréat, s'était littéralement volatilisée.

Chloé parlait de Cécile et Cécile m'est devenue familière. Nous avions un point commun : adolescente, j'avais moi aussi pratiqué l'escalade. Je connaissais bien cette sensation grisante de s'élever vers le ciel, de se jouer de la pesanteur, de chercher le « graton », de se soucier de son rapport « poids / puissance ». Et la joie de poser le pied sur le sommet, ce rétablissement à l'issue duquel on a vaincu ce qui semble être le monde entier. Cette gamine, au départ, c'était un peu moi.

J'ai décidé de me lancer dans la bataille au côté de Chloé. Car il fallait retrouver Cécile. Plus tard, en 2008, je suis également devenue l'avocat de Jonathan, le père de Cécile. Et j'ai pu mesurer combien tous deux étaient déterminés à ne jamais abdiquer.

Voilà quatorze ans que, ensemble, nous cherchons cette jeune disparue. Lorsque j'ai commencé cette quête à leurs côtés, je n'avais pas d'enfant. Depuis, mes deux fils et ma fille sont nés. Et maintenant, Cécile, c'est aussi eux... À l'idée qu'ils pourraient se volatiliser sans laisser de trace, me laissant les chercher, impuissante, désespérée, je sens monter en moi une douleur sourde, lancinante, qui me donne la mesure du malheur de Chloé et de Jonathan. Alors j'ouvre encore et encore ce dossier, même si j'ai l'impression d'avoir physiquement mal quand j'en tourne les pages.

La disparition de Cécile, c'est un clou dans mon cœur, un couteau dans la plaie de mes inquiétudes de maman… Je suis pourtant persuadée que quelque part se cache la réponse, celle qui nous mènera jusqu'à elle. Cinq juges d'instruction, des dizaines d'enquêteurs l'ont cherchée avec moi, et nous la cherchons toujours. Il m'est même arrivé de la prier. Ça n'est pas très professionnel, mais je l'ai suppliée de m'aider, de me faire un signe…

Que s'est-il passé ce 8 juin 1997, jour de ta disparition ? Crime ? Enlèvement ? Accident ? Où es-tu ? Vivante par miracle, ou à jamais perdue ? Un jour, nous le saurons, malgré le temps, la lassitude, les moments de découragement. Parce qu'il est impossible de te laisser sur ce chemin où l'on t'a vue marcher pour la dernière fois, seule.

L'année dernière, Jonathan m'a envoyé ses vœux. Il m'écrivait : « Cécile a disparu quand elle avait dix-sept ans et sept mois… il y a dix-sept ans et sept mois. » Ces quelques mots m'ont touchée avec violence. L'histoire de Cécile basculait. Elle laisse désormais plus de souvenirs du temps passé à la chercher qu'à vivre à ses côtés.

Depuis, il y a eu un nouveau jour de l'an. Plus de vingt ans qu'elle n'est plus là. Quelque part, quelqu'un sait quelque chose. Cette personne doit savoir que chaque jour, à chaque minute, ceux qui restent souffrent l'indicible.

Me Caty RICHARD

1

La dernière fois que j'ai entendu ta voix, Cécile, c'était le dimanche 8 juin 1997. Il était exactement 17 h 18. Je suis précis, malgré le temps écoulé – je n'y ai aucun mérite. Pour mieux répondre aux questions des gendarmes qui te cherchaient, je me suis fait communiquer le relevé de mes appels téléphoniques. À l'époque, il n'y avait ni box ni fibre, Internet et les téléphones mobiles étaient loin d'être généralisés. Tu as donc utilisé la carte Pastel que je t'avais donnée et qui te permettait de m'appeler gratuitement. C'était un appel ordinaire, du moins j'en étais persuadé.

Je dormais quand le téléphone a sonné. À 17 h 18, cela peut paraître étrange, mais je m'étais levé très tôt pour aller courir le marathon de la Liberté, en Normandie. Un beau nom, n'est-ce pas ? Il célèbre l'anniversaire du Débarquement en 42 kilomètres. Quel parcours… Tu sais combien c'est beau, ici.

Petits chemins serpentant au cœur des arbres aux faîtes denses débouchant, en trouées, au milieu de prés très verts, air souvent chargé d'iode, traversées de bourgs aux noms compliqués, pour moi qui suis né et ai grandi en Angleterre : Bernières-sur-Mer, Colleville-Montgomery.

Nous sommes passés tout près du château du Mesnil, bâtisse du XVIIIe siècle, puis devant le cimetière anglais de Cambes-en-Plaine, avant d'arriver à Ouistreham. Jusque-là, c'était plat. J'ai dû rassembler mes forces pour la montée, qui nous a menés, 10 kilomètres plus loin, à l'arrivée, juste devant le musée du Mémorial. Tout cela pour dire qu'en rentrant chez moi, à Mathan, j'étais sale, en sueur, heureux – mais totalement épuisé.

Le téléphone m'a donc réveillé. Au bout du fil, c'était ta voix – je dirai plus tard aux policiers qu'elle était « bouleversée », mais ce n'est pas tout à fait exact. Tu avais plutôt l'air chiffonnée en me racontant que, en l'absence de ta mère et de ton beau-père, tu avais invité quatre garçons à dîner. La belle affaire, vraiment... Je t'ai réconfortée, conseillé de taire ta désobéissance, tout simplement et, surtout, de penser à ce bac que tu allais passer. Où en étaient tes révisions ?

— Justement, as-tu répondu. Je vais m'y remettre.

Et nous avons l'un et l'autre raccroché.

Oui, Cécile, cette conversation était banale. Une adolescente et son père, séparés par des centaines de kilomètres – tu habitais à Saint-Jean-de-Maurienne, en Savoie, et moi à Mathan, près de Caen –, qui échangent quelques phrases un dimanche en fin d'après-midi. Les choses se seraient-elles passées différemment, si j'avais prêté plus d'attention à la tristesse de ta voix ? Aurais-je dû trouver d'autres mots, te garder plus longtemps au bout du fil, te questionner plus avant ? En un mot, ai-je failli à mon devoir de père ?

Je peux bien me poser ces questions, personne ne me donnera la réponse – sauf toi, bien sûr, si par miracle on te retrouvait, après tout ce temps. Est-ce que j'y crois encore ? Je préfère ne pas répondre – il me faudrait dire si l'espérance est moins angoissante que l'inquiétude permanente qui me taraude. Je ne peux m'y résoudre. Depuis que tu as disparu, il y a si longtemps maintenant, je n'arrête pas de te chercher.

Mais nous n'en sommes pas là. Pas encore. Je suis encore chez moi, à Mathan, dans cette maison où tu as grandi, au moins pour partie. Le combiné téléphonique reposé, je me lève et vais prendre une longue douche. La vie est encore ordinaire, je n'ai d'autre souci que celui de ce séminaire que je dois animer à Béthune, le lendemain matin. Je dois me préparer.

Ai-je ouvert la porte de ta chambre avant de partir ? Sans doute pas, je n'avais aucune raison de le faire. Laissant derrière moi la pièce aux murs recouverts d'une tapisserie claire, au lit soigneusement bordé, je me suis préparé un café. La nuit n'était pas tombée encore. Dehors, le jardin était splendide : herbe verte, arbres au tronc massif, pommiers en fleurs. Je me suis dit qu'à l'automne tu viendrais, le temps d'un week-end, m'aider à ramasser les fruits. Des kilos et des kilos de pommes goûteuses, dont ta mère, avant notre séparation, faisait des compotes et de la gelée, sans oublier les tartes. Ensuite, je suis sorti et je suis monté dans ma voiture.

La maison, tu le sais, est un ancien corps de ferme perdu dans la campagne normande. Il faut, avant de rejoindre un grand axe, rouler longtemps – l'occasion, ce soir-là, de savourer la beauté de la nuit qui approchait.

À quoi ai-je pensé, durant les trois heures et demie du trajet ? À toi, Cécile ? Je ne puis pas en jurer. Est-ce que l'on pense sans cesse à sa fille, quand elle n'a pas encore disparu ? Ce 8 juin, alors que je quittais la Normandie pour le Nord, j'avais sans doute la tête à autre chose. Une femme.

Un projet de week-end. Ces trois jours de travail qui s'annonçaient difficiles. Des travaux à faire à Mathan – cette pyramide de pierres que j'avais commencé à ériger près du potager, et que je n'avais jamais terminée.

J'ai pensé aussi, peut-être, à ma famille londonienne : père parti quand j'étais jeune, mère tant aimée décédée depuis dix ans, frère et sœur très proches, que je voyais trop peu souvent ou à Chloé et Matthew, les deux enfants de ma précédente union. Ta voix maussade m'était sortie de la tête. Où étais-tu, tandis que je roulais tranquillement, perdu dans des pensées dont tu n'étais pas le centre ? Avec qui ? Que s'est-il passé ? Impossible de répondre à ces questions que je ne me posais pas. Ce qui est sûr, c'est que tout l'amour que j'ai pour toi n'y a rien changé. À l'heure où ta vie basculait, je n'ai rien ressenti, pas de flash, pas d'angoisse, pas de pincement au cœur, ni même une vague inquiétude. J'ai roulé tranquillement dans la nuit tombée, jusqu'à Béthune.

À 28 kilomètres d'Arras et 31 de Lille, la ville est aussi connue sous la dénomination de « cité de Buridan ». Il y est né, mais il est moins connu que son âne, qui se serait laissé mourir d'inanition pour ne pas avoir à choisir entre une botte de foin et un seau d'eau. Jean Buridan aurait eu avec Marguerite de Bourgogne, reine de Navarre, une relation intime. L'affaire lui a valu de devenir héros de fiction dans *La Tour de Nesle*, d'Alexandre Dumas. Une pièce que j'ai lue adolescent. Car j'ai lu quantité de livres en français, langue dont je suis tombé amoureux à l'école, avant de tomber amoureux de la France et de quelques Françaises – dont Maryse, ta mère. Mais j'avoue qu'en arrivant à Béthune je n'ai pensé ni à Buridan ni à Dumas. Il était tard, l'hôtel était spartiate, j'ai dîné d'un rien, je me suis étendu seul, dans une chambre anonyme. J'ai ouvert mes dossiers. Et j'ai préparé mon intervention du lendemain.

Le lundi 9 juin, je me suis levé à 7 heures, comme prévu. Je n'avais pas beaucoup dormi, mes mollets me faisaient mal : 42 kilomètres, ce n'est pas rien. Mais aucun pressentiment sinistre ne m'avait traversé l'esprit, aucun mauvais rêve n'avait troublé ma nuit. Tout était normal, pour quelques heures encore. J'aurais dû jouir de ces minutes routinières, savourer chacune d'elles, l'eau qui coule sur le corps, sous la douche, le gel parfumé fourni par l'hôtel, l'odeur de l'after-shave et la fraîcheur du déodorant sous les aisselles. Au lieu de quoi, j'ai fait une toilette rapide et je suis descendu prendre mon petit-déjeuner.

Où étais-tu, Cécile, à l'heure où je trempais tranquillement mes tartines beurrées dans mon café, en pensant à ce séminaire qui devait s'ouvrir dans moins d'une heure ? Où avais-tu passé ta soirée, quand je te croyais en train de réviser l'épreuve de philosophie du baccalauréat ? Tu adorais ça, la philo. Tu avais lu, avec passion, *Le Monde de Sophie* de Jodstein Gaarder[1]. Sa jeune héroïne, Sophie Amundsen, découvre dans sa boîte une lettre qui lui est adressée, sur laquelle est inscrite cette simple phrase : « Qui es-tu ? » Puis une autre, dans laquelle on lui demande « d'où vient le monde ». Là voilà projetée au cœur d'un univers où elle croise Socrate et Sartre, Platon, Aristote, Descartes, Hegel – la liste n'est pas exhaustive. Tu as suivi Sophie page après page dans son voyage philosophique. Tu ne savais pas, hélas, que tu allais en faire un autre, trop réel celui-là, et dont je me refuse à imaginer les détails. Je suis en quête de toi. Quand j'aurai découvert ce que tu es devenue, il sera bien temps de le faire.

Adolescent, je n'aimais pas l'école – je ne m'intéressais qu'aux cours d'anglais, d'histoire et de français. À dix-huit ans, vivant à Londres auprès

1. Seuil, 1995.

de ma mère, de mon frère et de ma sœur, j'ai quitté l'école avec soulagement, gardant tout de même en moi d'assez bons souvenirs des récréations et, surtout, des *school camps*, ces camps de vacances au cours desquels nous dormions à six dans des tentes alignées, mangions dehors et plongions dans l'eau glacée d'une piscine en béton.

Pour gagner ma vie, j'ai exercé plusieurs métiers. Puis je suis devenu formateur à mon compte. Voilà pourquoi, ce lundi 9 juin, ne sachant pas encore que tu as disparu depuis de longues heures, je pousse la porte d'une salle où m'attend un petit groupe d'hommes et de femmes. Ils travaillent pour l'entreprise Allibert, un équipementier automobile. Je suis chargé de leur en expliquer le modèle économique, avec pour objectif de leur faire comprendre l'importance de la gestion globale en complément de leurs compétences individuelles. Dans quelques minutes, le séminaire va commencer. J'en suis le pivot. Jusqu'au soir, déjeuner inclus, je n'aurai pas une minute pour penser à toi.

La question m'est venue bien plus tard. Pour quelle raison Maryse, mon ancienne compagne, ta mère, ne m'a-t-elle pas prévenu que tu n'étais pas là quand elle est rentrée de son week-end, dans la nuit du dimanche 8 au lundi 9 juin à 0 h 15 ? S'est-elle dit qu'il ne fallait pas m'inquiéter ? Que

Cécile allait revenir vite ? Qu'il était donc inutile de me déranger en plein travail ? Quoi qu'il en soit, à l'heure où je prends la parole à Béthune, elle se rend chez les gendarmes, en compagnie de ton beau-père, et les prévient que tu n'as pas passé la nuit chez eux.

Des années plus tard, quand je parcourrai une à une, avec une attention extrême, les cotes de ton dossier dans l'espoir d'y trouver quelque chose qui puisse me guider jusqu'à toi, je commencerai évidemment par le début : la D1. Celle qui explique que, « à 9 heures, les parents de Cécile Vallin se présentent dans nos bureaux. Des recherches sont alors lancées en vue de rechercher tout renseignement de nature à déterminer les raisons de cette disparition ». Et je tiquerai sur le mot « parents ». Il ne m'inclut pas.

En 1997, quarante mille mineurs disparaissent chaque année en France. La plupart sont retrouvés au bout de quarante-huit heures. C'est le délai pendant lequel les autorités s'autorisent à penser qu'il s'agit peut-être d'une simple fugue et qu'il faut encore attendre.

S'agissant de toi, Cécile, je dois reconnaître que les choses n'ont pas traîné si longtemps. Dès 11 heures, le 9 juin, les gendarmes ont mis en place d'importants moyens pour tenter de te retrouver. Ils sont répertoriés dans le détail par un certain Bernard G., chef de la brigade de Saint-Jean-de-Maurienne, en cote D3. Qui est Bernard G. ? Quel âge a-t-il ? A-t-il des enfants ? Et si oui, de quel âge ? Peut-être l'un d'eux te connaissait-il ou t'avait-il croisée, heureuse, marchant avec ta bande d'amis ? Quoi qu'il en soit, il a bien fait son travail. Du moins est-ce l'impression qu'il donne.

Une équipe a été chargée de contacter la SNCF, pour savoir si l'on t'avait vue prendre le train à Saint-Jean-de-Maurienne ou si tu avais été contrôlée sans billet. Les services de France Télécom ont été sommés de fournir les appels passés du domicile de tes « parents » – je n'étais toujours pas inclus dans cette parentalité. Tes camarades ont été joints, les uns après les autres – notamment ceux qui avaient partagé ton week-end. Une vérification de ton compte bancaire a été demandée. Des gendarmes ont fait du porte-à-porte à Saint-Jean-de-Maurienne. Et bien sûr, comme l'écrit Bernard G. toujours à la cote D3, « des recherches ont été effectuées sur le terrain ».

Le dispositif mis en place était impressionnant, je dois le reconnaître. Des hélicoptères ont survolé les environs de Saint-Jean-de-Maurienne : les rivières Arvan, dans le secteur de la Combe, et

Arc, dans celui de Saint-Julien-Montdenis. Flancs de montagne verdoyants, sentiers descendant les pentes en courbes lentes, ils ont dû avoir une vue magnifique – mais ils n'ont rien trouvé, pas plus que les gendarmes accompagnés de maîtres-chiens ou les patrouilles arpentant le parcours VTT, de la combe des Moulins-Le Tilleret à Albiez-le-Jeune.

Les gendarmes n'ont pas eu plus de chance dans le secteur Herbillon, Montandre, Champsuit-le-Chatel. Certains empruntaient sans doute des chemins que tu avais parcourus, un jour, de ton pas de marcheuse. Tu aimais te promener dans cette vallée de la Maurienne, si différente de la Normandie où tu as grandi. Montagnes imposantes en toutes saisons, parées de tous les tons de vert l'été, recouvertes d'un manteau blanc l'hiver, rivières aux eaux lentes ou tourbillonnantes, sentes fleuries, à-pics raides et tout à coup dénudés, tu as tout connu, en sportive accomplie que tu étais. Mais bien sûr, tu ignorais qu'un jour les montagnes paisibles résonneraient des appels des militaires, criant ton prénom : Cécile. Cécile. Cécile.

17 heures, ce lundi 9 juin. Tu as disparu depuis plus de quinze heures. J'anime tranquillement mon séminaire – personne encore n'a jugé utile de me prévenir.

Ta mère, elle, est entendue par Richard C., officier de police judiciaire de Saint-Jean-de-Maurienne. Nom, prénom, âge et qualité, elle décline tout. Et je retrouve, à la cote D4, les débuts de notre vie à tous les deux. « J'ai vécu un certain temps avec un monsieur avec qui j'ai eu un enfant qui est Cécile », dit-elle. Quand je l'ai lue, cette phrase m'a surpris. « J'ai vécu un certain temps » : en fait, nous avons vécu huit ans ensemble. « Avec un monsieur » : le choix de ce mot est curieux. Le monsieur, c'est moi, Jonathan. Évidemment, eu égard à la gravité de la situation, ce sont là des détails insignifiants.

Quoi qu'il en soit, à l'heure où elle prononçait ces mots, je me rendais le plus paisiblement du monde dans un magasin Décathlon de la proche banlieue de Béthune… Tu m'avais demandé, pour ton anniversaire, une corde d'escalade. Tes dix-huit ans n'étaient pas vraiment pour demain, il s'en fallait de quatre mois encore. Mais j'aime prévoir et j'avais envie de me renseigner. Et puis, j'avais une soirée libre.

Le magasin, immense, sentait le neuf. Les rayons s'étiraient à droite, à gauche, maillots de bain homme et femme, ballons, T-shirts et shorts, clubs de golf, masques de plongée, cordes à sauter et gants de boxe… et là, enfin, l'escalade, un de tes sports favoris. Depuis que tu es toute petite, tu as toujours été sportive. Enfant, tu avais déjà la démarche souple et le geste assuré. Les roulettes de ton premier vélo n'ont pas fait long feu ! Plus tard, tu as descendu les pentes neigeuses avec une assurance incroyable. C'était la deuxième fois seulement que tu skiais, on aurait dit que tu n'avais fait que cela toute ta vie. Nul hasard, bien sûr, si tu voulais devenir professeur de gymnastique, ou plutôt d'éducation physique et sportive, comme on appelle désormais cette discipline.

Quand tu es arrivée à Saint-Jean-de-Maurienne, avec ta mère et ton beau-père, tu t'es essayée à l'escalade. Monter sans appui ou presque, tête levée vers le ciel, est devenu l'un de tes passe-temps favoris. Si tu avais pu ouvrir ton paquet le jour de tes dix-huit ans, cette corde d'escalade t'aurait fait bondir de joie, j'en suis certain. Il y en avait des dizaines à Décathlon, de toutes les couleurs, de toutes les longueurs… j'étais un peu perdu ! Un vendeur, appelé à la rescousse, m'a expliqué, gestes à l'appui, que les cordes utilisées en escalade sont de type dynamique, c'est-à-dire que leur élasticité absorbe les chocs et limite les forces d'impact sur les points d'ancrage. L'âme des cordes, a-t-il poursuivi, est soit tressée, soit câblée. J'ignorais que les cordes ont une âme, mais ça m'a plu de l'apprendre. Restait à savoir laquelle, des simples, des doubles ou des jumelées, te conviendrait le mieux. Je n'ai pas tranché. J'avais le temps, après tout. Quatre mois pour dénicher une corde d'escalade parfaite, c'était bien plus qu'il n'en fallait.

Quand je suis sorti du magasin, il faisait encore jour. Mais cette banlieue de Béthune était triste... Dans certaines villes de province, passé une certaine heure, les rues se vident. Les habitants, bien calfeutrés chez eux, savourent un verre en préparant le dîner. Les enfants font leurs devoirs, les télévisions s'allument. Je marchais seul dans des rues désertées. Peut-être ai-je entendu quelques notes de piano sorties d'une fenêtre ouverte. C'était l'été, il faisait beau et chaud. Je suis arrivé à l'hôtel. Je me suis dit que j'allais t'appeler.

Parce que, tout de même, ça m'ennuyait un peu, cette conversation que nous avions eue la veille. Elle n'avait duré que six minutes et douze secondes, le relevé du téléphone en fait foi. Mais, d'un coup, elle commençait à me trotter dans la tête. Avais-tu suivi mes conseils et passé sous silence ce dîner entre amis – ces garçons que tu n'avais pas le droit d'inviter ? Ou avais-tu tout avoué à Maryse et à ton beau-père ? Je savais qu'il n'appréciait pas les manquements à la discipline et que c'était un homme d'ordre. Tu t'entendais bien avec lui, je n'en doutais pas. Mais, si tu lui avais avoué qu'à la veille du bac tu avais invité des copains au lieu de réviser, il n'aurait sans doute pas apprécié.

Bref. Je me suis décidé à t'appeler – sans arrière-pensée aucune, juste pour prendre de tes nouvelles et t'embrasser.

C'est Maryse qui a décroché – cette belle femme avec qui j'ai partagé tant de choses avant qu'elle rencontre, douze ans auparavant, ce proviseur qui est devenu son mari. J'ai pu encore, le temps que le téléphone sonne, croire que ma vie était toujours la même. Mon travail, les femmes, ce week-end que je préparais, mon compte en banque, la maison, ton anniversaire, cette corde d'escalade, laquelle prendre, de quelle longueur, de quelle couleur… J'avais une préférence pour le bleu, mais la tressée rouge et jaune était belle aussi.

Oui, tout allait bien encore, pour quelques secondes. Puis j'ai dit :

— Bonjour, Maryse, est-ce que je peux parler à Cécile ?

Et tout a basculé.

2

J'ai tout de suite su que ta disparition n'était pas anodine. À l'autre bout du fil, Maryse m'a dit :

— Cécile n'était pas là quand nous sommes rentrés, elle n'a pas réapparu. Nous sommes allés porter plainte.

À cet instant, et à cet instant seulement, assis sur le lit de cette chambre d'hôtel anonyme, combiné à l'oreille, j'ai eu l'horrible vision de ton corps désarticulé. Tu étais étendue, inerte, lèvres entrouvertes sur un dernier cri que personne, surtout pas moi, n'avait entendu. Tu étais morte, Cécile, j'en ai eu l'affreuse certitude – mais je n'en ai rien dit. J'ai simplement demandé à Maryse si elle voulait que je vienne.

— Non, m'a-t-elle répondu. Ce n'est pas la peine. De toute façon, la maison est pleine de gendarmes.

Qu'aurais-je dû faire à cet instant ? Passer outre, sortir de l'hôtel, prendre ma voiture et rouler dans une nuit désormais opaque jusqu'à Saint-Jean-de-Maurienne ? Me précipiter jusqu'au lycée dont ton beau-père était le proviseur, monter jusqu'à l'appartement de fonction où tu vivais ? Me rendre, toutes affaires cessantes, à la gendarmerie pour questionner les enquêteurs ? Prendre part aux recherches et marcher dans la montagne, avec l'affreux pressentiment qu'à chaque pas je pouvais découvrir le pire ?

Quand tu étais enfant, je t'ai sans doute raconté l'histoire de la Reine des Neiges. Attirant un jeune garçon dans son palais, elle lui plante un éclat de glace dans le cœur, le rendant insensible à toute émotion. La violence de ma douleur et de mon inquiétude ont eu le même effet. Mon cœur est devenu de glace. J'ai raccroché. Je me suis allongé. J'ai pris un roman et j'ai lu.

James Ellroy était, à cette époque, l'un de mes auteurs favoris. Il écrit des romans policiers très noirs. C'est *Ma part d'ombre* que je parcourais ce soir-là. Mais je ne crois pas que je lisais vraiment. Je déchiffrais, sans rien retenir. Quand j'ai éteint la lumière, la nausée n'a pas tardé à m'envahir. J'étais physiquement malade, mais j'en étais plutôt soulagé. Ça m'occupait. J'ai fini par m'assoupir. Comment ai-je pu dormir, quand tu errais peut-être quelque part, en m'appelant ? Les choses auraient-elles changé si j'étais allé à Saint-Jean-de-Maurienne cette nuit-là ? Il est facile de dire que oui, peut-être. Il est tout aussi aisé de se persuader que les dés étaient jetés. Parfois, je me demande ce que je ferais si je pouvais tout recommencer, revenir en arrière. Je n'ai pas de réponse. C'est ça, le plus terrible. N'avoir aucune réponse, sur rien, depuis si longtemps.

Mardi 10 juin. À mon réveil, des rayons de soleil éclairaient ma chambre d'hôtel. L'espace de quelques secondes, ils m'ont fait oublier l'angoisse. Un rai de lumière, cela peut transformer et embellir une pièce banale. J'ai regardé les minuscules étoiles de poussière danser dans la lumière et puis, d'un coup, tout m'est revenu en mémoire. La voix de Maryse. Ses mots. Ton absence – ta disparition. J'étais de glace, toujours, la Reine des Neiges n'avait pas relâché son emprise. Je me suis levé – mon séminaire m'attendait comme la veille, et comme il m'attendrait le lendemain. Mais en accomplissant les gestes du matin, j'ai compris que tout avait changé. L'eau sur mon corps ne me procurait plus le même plaisir – pas plus que la fraîcheur de l'after-shave sur la peau de mes joues ou le craquant du pain frais tartiné de beurre et de confiture au petit-déjeuner. Tu avais disparu,

Cécile. Le monde était différent. À Saint-Jean-de-Maurienne, tu n'étais ni dans ta chambre ni dans la cuisine, en train de boire un chocolat chaud. Tu ne dévalais pas l'escalier non plus, tu ne retrouvais pas tes amis avant les cours. Tu n'étais plus nulle part, Cécile – juste un prénom que les gendarmes criaient dans la montagne.

Travailler m'a aidé, ce jour-là. La routine des mots, des explications, les questions des stagiaires... La journée a passé comme dans un mauvais rêve – dans la réalité, tu avais disparu depuis presque deux jours, les gendarmes avaient fouillé ta chambre et saisi tes répertoires téléphoniques, ça aussi, je l'ai découvert plus tard, à la cote D4 du dossier. Ce mardi-là, les gendarmes ont repris, aussi, des recherches méthodiques, je l'apprendrai cette fois par la cote D9 : fouille des berges de l'Arc depuis Saint-Jean-de-Maurienne jusqu'à Pontamafrey, entre 8 et 12 heures, porte-à-porte à Saint-Jean, vérifications bancaires, interrogatoires de proches amis. J'apparais pour la première fois, sur cette même cote, en une phrase courte et sèche : « Père naturel Oliver Jonathan (GB), a une ferme inoccupée à Mathan-Pierrefitte en Cinglais, 14690. » La réalité est que je suis ton père, pas ton père naturel, et qu'à cette époque j'habitais toujours Mathan, qui n'est pas une ferme. Toutes les données de ce début d'enquête souffrent-elles des mêmes distorsions ? Je me le suis demandé bien plus tard – mais ce mardi 10 juin, Cécile, j'étais loin d'imaginer qu'un jour je lirais les cotes d'un dossier pour tenter de découvrir ce que tu es devenue.

J'ai appelé ta mère à la fin de ma journée de formation. Je n'en pouvais plus d'attendre, et, en même temps, j'hésitais à le faire. Au moment où j'ai composé son numéro, je me suis dit que, peut-être, c'est toi qui allais décrocher. C'est idiot, l'espoir. Ça se glisse partout, même dans les certitudes les plus ancrées. Voilà pourquoi, sans doute, quand Maryse m'a affirmé ce soir-là qu'elle pressentait une fugue, je me suis raccroché à cette idée. Même si, au fond de moi, j'avais du mal à y croire.

Tu étais une ado sans problème, uniquement soucieuse de ce baccalauréat qui approchait. Tu allais l'avoir haut la main, tu étais une très bonne élève. Et puis tu avais tant de projets d'avenir ! En septembre, tu devais quitter Saint-Jean-de-Maurienne pour Grenoble et t'inscrire à la faculté. Tu avais déjà commencé à chercher un petit appartement, tu te réjouissais de voler enfin de tes propres ailes, ou presque. Pourquoi, dans ces conditions, aurais-tu claqué la porte du jour au lendemain, après m'avoir dit que tu allais te remettre à tes révisions ? Cela n'avait aucun sens.

Et pourtant. Une fugue, c'était la meilleure des hypothèses, celle qui te laissait vivante, quelque part, celle qui te permettait de revenir dans quelques jours. D'un coup, la chape de glace qui enserrait mon cœur s'est fait moins oppressante. Un soulagement. Une fugue ? Bon vent, Cécile, ai-je pensé.

Ce matin-là, ta mère était allée porter plainte pour enlèvement et séquestration – c'est à la cote D5 du dossier.

Jeudi 12 juin 1997. Le cinquième jour depuis ta disparition. Les gendarmes n'ont toujours aucune idée de l'endroit où tu es, même s'ils continuent de retourner ciel et terre pour te retrouver. Enquête oblige, ils ont minutieusement reconstitué ton emploi du temps du week-end dernier, celui au cours duquel tout était encore normal. Le compte rendu de leurs investigations est au dossier, lui aussi – à dire vrai, j'ai eu beau le relire plusieurs fois, je n'y ai trouvé que des choses très anodines – ni drogue, ni délinquance, ni ivresses, juste la vie d'une fille de dix-sept ans et demi qui, comme toutes les adolescentes, décline l'amour à tous les temps, passé, présent, futur.

Depuis deux ans maintenant, ton amoureux s'appelle Jérémie. À la cote D226 du dossier, ta mère explique que tu as eu des relations sexuelles avec lui. Tu ne m'en as pas parlé, mais un père a-t-il besoin d'être mis au courant de ces choses-là ? Cela m'émeut tout de même, de savoir que tu avais un petit ami – il paraît même que tu avais formé le projet de partir avec lui en vacances en Espagne. Pourtant, tu n'étais pas avec lui, le week-end de ta disparition. La dernière fois que vous vous êtes vus, c'était le vendredi 6 juin au soir. Vous vous êtes promenés une heure ensemble, main dans la main, je suppose, avant de vous dire au revoir. Et tu ne lui as pas parlé de cet autre garçon qui te trottait pourtant déjà dans la tête.

« On n'est pas sérieux quand on a dix-sept ans », dit Rimbaud. Il a raison. Tu aimais Jérémie, mais tu étais attirée par Sébastien. M'en aurais-tu parlé que j'en aurais souri. Mais tu ne m'as rien dit ; tu lui as simplement écrit pour lui faire part de ton trouble. J'ai découvert tes lettres dans ton dossier. Je les ai lues, heureux et malheureux à la fois de retrouver ton écriture ronde et raisonnée. Tu évoques une soirée douce, au cours de laquelle tu as pris la main de Sébastien. Tu avoues avoir aimé ce contact innocent. « Ne recommençons plus, il ne faut pas », lui dis-tu ensuite en substance. Pourtant, il semble que tu en avais très envie, puisque, profitant de l'absence de ta mère et de ton beau-père, tu l'as invité à dîner chez toi, en compagnie de trois autres de tes camarades, Mathias, Benoît et Karim.

C'était le samedi 7 au soir – un soir apparemment comme les autres, la veille, pourtant, de ta disparition. Jeune fille heureuse, tu es allée prévenir les voisins que tu recevais des amis et qu'il y aurait peut-être un peu de bruit – ce qui n'a d'ailleurs pas été le cas. Vous avez mangé des pâtes arrosées de vin rouge et de bière, savouré un gâteau roulé pour le dessert. Le repas s'est terminé aux alentours de 22 h 30.

Vous avez ensuite regardé une cassette vidéo. Le film s'appelait *Phénomène*, avec John Travolta. « George Malley est mécanicien dans une petite ville des États-Unis, dit la bande annonce. Il mène une vie paisible jusqu'au jour de son trente-septième anniversaire, quand il se retrouve doté d'une extraordinaire intelligence. Il passe alors ses journées à pratiquer des expérimentations scientifiques. Son comportement lui attire la méfiance de son meilleur ami. Seule une jeune femme l'aide à affronter l'adversité et l'incompréhension de son entourage. » Un film « étrange, effrayant, envoûtant ». Qu'en as-tu pensé, toi ? Je ne le saurai sans doute jamais. Seule certitude, le mot « Fin » posé sur l'écran, vous avez bu un peu de champagne, deux verres, pas plus, et tu t'es isolée, l'espace d'un petit quart d'heure, avec Sébastien, au prétexte de débarrasser. Là, dans la cuisine où d'ordinaire tu prenais ton petit-déjeuner en famille, vous vous êtes embrassés.

Il est 3 heures du matin. Tes amis vont partir. Tu regrettes déjà les baisers donnés – et ce dîner. Tu n'avais pas le droit d'inviter tes copains dans l'appartement de fonction de ton beau-père. Tu as trompé Jérémie. Pourtant, Sébastien doit revenir demain, tu le lui as permis. Est-ce que tu as tout de même bien dormi, cette nuit-là ? Ou bien as-tu tourné et retourné dans ton esprit les dernières heures écoulées, ce que tu en avais fait ?

Quoi qu'il en soit, le lendemain dimanche 8 juin, à 10 h 38, pendant que je cours, entre forêts et plages, le marathon de la Liberté à Caen, tu tentes de joindre ta demi-sœur Chloé – c'est la cote D128 du dossier. Chloé, ma fille aînée, qui est née quand j'avais vingt-neuf ans, est ton amie, ta confidente. Tu veux lui parler. Que désirais-tu lui confier ? Personne ne le sait : elle n'était pas là quand le téléphone a sonné. Est-ce que les choses auraient été différentes, si tu avais pu la joindre ? Pauvre Chloé. Elle s'en veut, encore aujourd'hui, de n'avoir pas recueilli tes confidences.

Voilà. La rétrospective du week-end est presque terminée. Il reste aux gendarmes un après-midi à reconstituer, celui du dimanche. Ils le font aisément. Comme convenu, Sébastien est arrivé chez toi à 14 heures. Deux ou trois minutes plus tard, un autre de tes amis, Kamel, t'a téléphoné – il voulait te voir pour récupérer des CD, tu lui as proposé un rendez-vous plus tard, il a refusé, il devait prendre le train pour rentrer chez lui, à Grenoble. « Tant pis », lui as-tu dit avant d'aller retrouver Sébastien – c'est lui qui l'affirme à la cote D10.

Vous avez passé trois heures ensemble, mais lorsqu'il est parti, tes remords ont pris le pas sur le plaisir que tu as éprouvé. Tu as appelé ton amie Sandrine, tu lui as fait part de tes doutes et de tes regrets. Elle dira aux gendarmes qu'à la fin de votre conversation tu étais encore « énervée », mais que tu avais repris tes esprits grâce à ses conseils et que tu allais te mettre à travailler ta philosophie. Tu ne l'as pas fait, Cécile. Tu m'as appelé à 17 h 18. Ensuite, après m'avoir dit, à moi aussi, que tu te mettais à tes révisions, tu es sortie de chez toi. Pour aller où ? Pour retrouver qui ? L'enquête n'a pas permis de le déterminer.

Jeudi 12 juin. Mon séminaire est terminé, me voilà livré à moi-même. Depuis que tu as disparu, les heures se sont transformées en jours. J'espère encore qu'elles ne se transformeront pas en semaines. J'ignore, heureusement, qu'elles deviendront des années – mais je ne peux pas me résoudre à rentrer à Mathan. Ta chambre est là, qui t'attend, peuplée d'ours en peluche et de dessins soigneusement punaisés aux murs.

Dans chaque pièce, de la cuisine au salon, tu as ri, chanté, étudié – autant de souvenirs que j'ai peur d'affronter. Ton absence me sera peut-être plus supportable à Caen. J'y ai une amie, Évelyne. Elle est psychologue. J'ai besoin de lui parler, de me confier. D'être guidé, aussi, dans le désastre qu'est devenue ma vie.

Pendant que je roule, les gendarmes épluchent tes répertoires téléphoniques et prennent contact avec tous ceux qui y figurent. Le résumé de leurs investigations figure à la cote D21.

À la lire, j'apprendrai bien des choses sur toi – une façon de te faire vivre dans mon cœur, ma fille tant aimée –, mais aussi une série de découvertes parfois inattendues. Vincent, l'un de tes camarades de classe, a été ton petit ami pendant cinq mois. Julia souhaitait partir en vacances avec toi, au mois d'août. Alexandra t'a vendu des livres scolaires en début d'année. Pascaline t'a vue pour la dernière fois le vendredi 6 juin, au lycée. Claire, qui ne te fréquente plus depuis six mois, avait l'habitude de faire de l'autostop avec toi. Kamel, ce garçon qui t'a appelée à 14 heures, le dimanche de ta disparition, affirme ne t'avoir pas vue depuis le week-end de la Pentecôte, Dim n'a eu aucune nouvelle de toi depuis huit mois ; Thomas, depuis trois mois. Les autres n'ont pas encore été entendus, mais les journées n'ont que vingt-quatre heures, même pour les gendarmes. Même si chaque heure qui passe réduit les chances de te retrouver.

Mais si, comme Maryse le croit, tu as vraiment fugué, peut-être auras-tu vu, dans la presse régionale, cet avis qui te concerne. On recherche activement une « jeune fille de dix-sept ans et demi, 1,65 mètre, corpulence mince, allure sportive, cheveux courts châtain foncé, coiffés en arrière, nuque à moitié dégagée, yeux de couleur marron-vert. Elle porte un anneau argenté à l'oreille droite. Elle possède une cicatrice de 10 centimètres sous le sein droit ».

Cette cicatrice, Cécile, je la connais par cœur – petite, fine, un trait qui rappelle l'intervention chirurgicale que tu as subie quand tu n'avais que trois semaines. À cette époque, j'étais le plus heureux des pères. Je passais de longs moments à te regarder dormir, petite, ronde, paisible, un bébé parfait. Maryse, elle, te donnait le sein, moments de grâce et de plénitude, jusqu'à ce que tu te mettes à vomir, systématiquement, le lait que tu tétais. La première fois, nous ne nous sommes pas inquiétés. La seconde non plus. Mais comme tu continuais à rejeter tout ce que tu mangeais, nous avons fini par consulter.

Le médecin ne s'est pas montré rassurant. Il a prescrit des examens et, pour finir, un diagnostic a été posé : tu souffrais d'une sténose du pylore[1]. Rien de très grave, mais il fallait opérer. T'opérer, si petite encore ? Certains parents auraient été fous d'inquiétude. Pas nous. Au contraire, nous étions certains qu'il ne pourrait rien t'arriver. Nous t'avons donc accompagnée tranquillement à l'hôpital de Falaise.

— Je vais lui faire une cicatrice juste sous le sein, nous a dit le chirurgien. On ne la verra pas.

Elle est devenue le signe distinctif qui aurait pu permettre de te reconnaître, si on avait retrouvé ton corps.

Mais les heures s'écoulent une à une, elles sont devenues des jours, et on ne te retrouve toujours pas – même si l'on croit te voir, un peu partout. Des témoins signalent une jeune fille te ressemblant

1. Épaississement progressif du pylore, muscle circulaire se trouvant à la jonction de l'estomac et du duodénum.

près d'une station-service, d'une carrière, sur une route départementale, dans une gare routière. Chaque témoignage est source d'espoir, puis de déception, une fois vérifié.

Pour ma part, loin des recherches et des gendarmes, loin de Maryse qui, sur le répondeur familial, a enregistré un message à ton attention, je me suis rendu à Paris. Pourquoi Paris ? J'y ai vécu après avoir quitté l'Angleterre. Je crois te l'avoir raconté. À vingt et un ans, j'avais été embauché dans une entreprise de Bourg-la-Reine que dirigeait une connaissance professionnelle de mon père. J'avais trouvé une petite chambre rue Mazarine, au cœur du quartier Latin. Dernier étage, toilettes sur le palier, pas de douche mais un petit lavabo, le tout pour un loyer de 5 francs par jour[1] : j'étais heureux. Le lendemain de mon arrivée, les transports étant en grève, je n'avais pas pu me rendre à mon bureau. J'avais passé la journée à me promener. J'ai vu passer le cortège funèbre du maréchal Juin. Le carrosse tiré par des chevaux, entouré de soldats, était magnifique. Ont suivi des mois formidables : j'ai découvert le jardin des Tuileries, le musée du Jeu de Paume, les petits restaurants, la vie de bohème, quelques Françaises, aussi – et j'ai fini par croiser la mère de Chloé et de Matthew, tes aînés.

1. Moins d'un euro.

Trente ans plus tard, Paris n'a pas changé, même si le quartier Latin est envahi de touristes, alors que je l'ai connu jonché des pavés en Mai 68.

J'aurais dû me promener plus souvent à Paris avec toi, Cécile. Si par miracle on te retrouve, nous y passerons du temps ensemble. En attendant, de cafés en palais, de monuments en musées, de parcs en boulevards, je marche, incapable de ne pas penser à toi.

3

De Paris à Saint-Jean-de-Maurienne il y a 640 kilomètres. Huit heures de route environ, à travers des paysages parfois superbes – mais je ne les regarde qu'à peine, fixant le ruban d'asphalte qui, à chaque tour de roues, me rapproche de la Savoie. C'est là que je vais, ce samedi 14 juin, au cœur de ces montagnes qui t'ont vue disparaître, Cécile.

Certains de tes proches et de tes amis ont décidé de se rendre à Grenoble pour coller des affiches signalant ta disparition. J'ai décidé de les rejoindre. J'ai quitté Paris, ses rues si familières, ses magasins, ses cinémas, et je roule. Qu'est-ce qui m'attend là-bas ? Je ne me le demande pas. Je suis dans un drôle de monde, entre angoisse et espoir. Plus d'une centaine d'heures se sont écoulées depuis que j'ai appris que tu as disparu. Mais, curieusement, mon esprit n'échafaude plus aucun scénario sinistre.

Tout en passant machinalement les vitesses, je laisse les souvenirs affluer à moi, je ressuscite tes gestes, ta voix, ton sourire, ta démarche, tes premiers pas, déjà si assurés, tes premiers mots. « Pantalon » fut le premier à trois syllabes. Il nous a fait sourire, ta mère et moi.

Nous vivions à Mathan, au cœur de la Suisse normande, dans cette maison enfin achevée, après de longues années de travaux. Nous résidions dans la partie gauche, tandis que mes amis Mireille et André occupaient celle du centre. Mon grand ami Jack habitait la partie droite. Le jardin et le potager étaient communs, Maryse et Mireille plantaient, Jack et moi récoltions. Haricots verts, tomates, pommes de terre garnissaient ensuite notre table, sans oublier les œufs de nos poules. Quelques moutons tondaient notre jardin – un pré, en réalité, dont l'herbe poussait dru. Les bêtes en venaient à bout, nous les abattions ensuite pour consommer leur viande. La première fois, c'est un professionnel qui s'en est chargé. Lorsqu'il a cessé d'être disponible, Maryse et moi nous y sommes mis. Nous les avons assommés, puis suspendus la tête en bas, avant de les dépouiller et de les découper. La viande a rejoint, dans les congélateurs, celle des chèvres que nous avions déjà tuées.

Les oies, elles, ont continué à gambader. Nous les mangions à Noël. Il y avait de bonnes choses chez nous, Cécile, et tu ne laissais pas ta part au chat. Tu étais, je m'en souviens, une fille gourmande. Souvent, je t'emmenais au marché déguster une crêpe au Nutella. C'était hier, je tenais ta main dans la mienne, tu avançais à pas rapides vers le camion, je commandais la friandise, tu humais, ravie, l'odeur de la pâte qui cuisait, tu regardais la marchande étaler le chocolat, elle en mettait toujours un peu plus, parce que c'était toi.

Auxerre, Avallon. Beaune et ses vignobles. La circulation est fluide, j'avance sans problème. La Bourgogne est déjà presque derrière moi, voilà Chalon. Le temps d'une pause, d'un café, je délasse mes jambes. Là-bas, une adolescente avance. De dos, elle te ressemble : même silhouette élancée, mêmes épaules droites, mêmes cheveux courts et drus… Mais ce n'est pas toi, Cécile. Tu n'es pas non plus assise à coté de moi sur le siège passager, tes pieds nus posés sur le pare-brise. Un jour, tu les as laissés si longtemps qu'il en est resté une empreinte. Je ne l'ai pas nettoyée. Cela me plaisait de voyager avec cette trace de toi dans la voiture. Elle s'est effacée depuis longtemps – comme toi.

Mais où es-tu, Cécile, tandis que je reprends ma route et que la campagne défile ? À ma droite, des cerisiers en fleur. Un matin, quand tu étais toute petite, tu avais gobé une cerise tout juste cueillie sur notre arbre, et tu m'as dit :

— J'ai *abalé* le noyau.

Je me souviens comme si c'était hier de ton expression coquine et de mon rire, sonore, quand tu as prononcé cette phrase.

Je roule vers toi.

Angoisse et espoir, chagrin et attente. Déception. Ce n'est pas toi qui m'accueilles à Saint-Jean-de-Maurienne, mais ton visage souriant sur une affiche. Tu y figures six fois. En haut, à gauche, tu es de profil, portant un joli chemisier blanc et un collier assorti. Tu t'habillais plutôt sportivement, ni jupe courte ni talons, pas de maquillage, peu de bijoux, le cliché a donc dû être pris un jour de fête. Juste au-dessous, tu souris, de face, visage baigné de soleil. La photo voisine te voit plus assurée. En haut à droite, un autre profil, sérieux celui-là. En dessous, te voilà avec des cheveux mi-longs. Et au centre, devant un rideau d'arbres, tu lèves la tête vers une petite balle que tu viens de lancer en l'air et que tu t'apprêtes à rattraper. Les six clichés forment un pêle-mêle joyeux, au-dessus duquel une phrase annonce que tu as « quitté Saint-Jean-de-Maurienne le dimanche 8 juin 1997 ». En dessous, on peut lire : « Tu sais, Cécile, tous tes amis et ta famille t'aiment. Ils attendent de tes nouvelles. » C'est signé de ton demi-frère et de ta demi-sœur.

Car, c'est vrai, tu étais à cheval entre deux familles. La mienne, composée de Chloé, de Matthew et de toi, la cadette. Celle de Maryse, qui t'avait mise au monde, toi, notre fille, avant de donner naissance à ses deux autres enfants. Tu aurais pu te sentir mal à l'aise, jalouser les uns ou les autres. Tu étais, au contraire, un trait d'union, même si ta place n'était pas toujours facile.

Allons bon, il n'y a pas tout à fait huit jours que tu as disparu, et voilà que je parle de toi à l'imparfait. Maryse est persuadée que tu es vivante quelque part, elle dit qu'un radiesthésiste le lui a affirmé. Peut-on croire les dires d'un radiesthésiste? Je ne me pose même pas la question. J'accueille ce témoignage d'espoir avec une sorte de neutralité, à quoi bon le rejeter.

Tu es donc, peut-être, en fugue. En attendant que tu te manifestes, nous irons placarder des affiches dans tout Grenoble.

Nous sommes un petit groupe, ta mère, ton beau-père, leurs amis et une amie de Valence venue nous rejoindre. Il y a aussi quelques-uns de tes camarades. Certains d'entre eux ont payé un lourd tribut à ta disparition, le sais-tu? Les gendarmes les ont interrogés pour tenter de savoir si l'un ou l'autre n'avait pas quelque chose à y voir. Ils ont entendu Sandrine, ton amie, puis Mathias et Benoît, Karim et Sébastien, tous quatre présents au dîner précédant ta disparition. Kamel, ce garçon qui voulait te voir le lendemain, dimanche, pour récupérer des CD, s'est présenté de lui-même à la gendarmerie. D'ici quelques années, quand je plongerai dans le dossier, je découvrirai leurs déclarations, et ton emploi du temps mêlé aux leurs, retranscrits avec des mots naïfs, angoissés, parfois surprenants, au moins pour moi. « Je tiens à préciser que j'ai eu l'impression que Cécile se sentait prisonnière de son milieu familial, dit ainsi Sébastien. Pour moi, elle aspirait à un peu plus de liberté. Elle m'a confié qu'elle était pressée de vivre sa vie d'étudiante, probablement pour sortir du contexte de sa famille. »

Toute adolescente de dix-sept ans et demi aspire à plus d'autonomie. Cela ne veut pas dire, forcément, que les choses n'allaient pas bien pour toi. Si tel était le cas, je ne m'en suis pas douté.

Grenoble, ce samedi 14 juin 1997. Notre petit groupe vient d'arriver. Nous nous sommes partagé les secteurs, les rues, et partons chacun de notre côté, un paquet d'affiches à la main. Les murs de la ville vont se couvrir de tes sourires – comme ils s'étaient couverts, à Agen, du sourire de la petite Marion Wagon, disparue le 14 novembre 1996 en revenant de l'école. Je me souviens très bien d'elle. Elle avait onze ans quand elle s'est volatilisée. Elle habitait Agen, où je me trouvais en janvier 1997 pour un séminaire. Ses yeux bleus et son visage candide m'ont interpellé, lorsque, me promenant dans les rues, j'ai vu son image placardée sur tous les magasins. J'ai pensé : « Quel cauchemar pour ses parents. » Le lendemain matin, je faisais mon jogging matinal le long de la Garonne. En traversant le pont, j'ai regardé les eaux puissantes et noires du fleuve – et j'ai eu froid dans le dos, de crainte qu'elle ne s'y soit noyée. L'instant d'après, j'ai haussé les épaules. Mais non. On allait sans doute la retrouver. « On va la retrouver. » Voilà ce que je me dis, encore une fois, en collant des affiches portant le visage d'une enfant disparue. Mais cette fois, c'est de toi, Cécile, qu'il s'agit.

Dimanche 15 juin. Je l'avais presque oubliée. La Fête des pères. Depuis ta plus tendre enfance, tu me combles à cette occasion de petits cadeaux. Dessins naïfs, jolies lettres, et ces mots appliqués sur une carte : « *To my lovely daddy.* » Aujourd'hui, il n'y a rien, ni lettre, ni dessin, ni appel téléphonique

– et je me dis que c'est là un sinistre présage. Si tu le pouvais, c'est certain, tu m'aurais envoyé un signe. Moi, je t'ai écrit un poème. Je te le donnerai si je te revois. En attendant, je le récite à mi-voix tous les jours, comme je le réciterai tous les jours suivants, durant plus de vingt ans.

Cécile, Cécile
Loving you
With all my heart and with all my soul
On this day
As I have loved you every day since the day you were born
Loving you in tenderness
Tenderness for being such a sweet, a loving and a beautiful daughter
Loving you in happiness
For all the happiness you have brought to me, your loving Daddy
Loving you in sadness, too
And in bewilderment…
Loving you with all the protection that I can wrap around you…
Loving you with all the strength that I can give to you…
Loving you with hope
Hope for your peace of mind
Cécile
Loving you

With all my heart and with all my soul,
On this day,
As I have loved you every day since the day you were born
And as I will love you every day for all the days to come
And beyond… an infinity of loving you.
Your loving Daddy[1]*…*

C'est incroyable. J'ignore où tu es, avec qui tu es, je te parle dans le vide, je lance des mots d'amour qui se perdent dans le néant, et voilà une semaine seulement je courais le marathon de la Liberté, entre bosquets et plages. Que s'est-il passé ? Pourquoi le monde a-t-il basculé si soudainement ? Quand les choses redeviendront-elles enfin normales ?

---

1. Cécile, Cécile / Je t'aime de tout mon cœur et de toute mon âme / Aujourd'hui / Comme je t'ai aimée tous les jours depuis le jour de ta naissance. / Tendre est mon amour pour toi, ma fille si douce et aimante / Cet amour est surtout celui du bonheur / Du bonheur que j'ai toujours connu avec toi. / Cet amour est aussi celui dans la tristesse / Et dans l'inquiétude / Cet amour est aussi l'amour de toute la protection que je puisse te donner… / Cet amour est aussi celui de toute la force que je puisse te transmettre… / Cet amour est aussi et surtout celui de l'espoir / L'espoir de te savoir en paix. / Cécile / Je t'aime de tout mon cœur et de toute mon âme / Aujourd'hui / Comme je t'ai aimée tous les jours depuis le jour de ta naissance / Et comme je t'aimerai pour tous les jours à venir / Et au-delà… d'une infinité d'amour / Papa…

Dimanche 15 juin, toujours. Il est 17 heures. La semaine dernière, à cette heure exactement, Sébastien, ton nouveau petit copain, venait de sortir de chez toi. Vous vous étiez embrassés, vous aviez parlé, il a dit aux gendarmes que tu « allais bien ». S'est-il trompé ? Tu t'apprêtais, en tout cas, à m'appeler.

Il y a huit jours, heure pour heure, je te parlais au téléphone et je te conseillais de penser à ton baccalauréat. Il y a huit jours, tu me disais que, oui, tu allais t'y remettre. Puis tu raccrochais.

Hier, j'ai parcouru les rues de Grenoble. Un marathon qui n'avait rien à voir avec celui de la Liberté. Combien de fois ai-je placardé l'affiche sur laquelle tes six visages m'interpellent ? Quoi qu'il en soit, je l'arborais sur ma chemise, et les gens que je croisais me regardaient bizarrement. Mais j'étais plutôt satisfait. Pour la première fois depuis que tu t'es volatilisée, j'avais le sentiment de faire quelque chose d'utile. Jusqu'à ce que, revenant sur mes pas, je découvre ton portrait déchiré sur un abribus. Qui avait fait cela, Cécile ? Et pourquoi ? D'un coup, le découragement m'a envahi – puis je me suis repris. Une affiche déchirée n'est pas un signe, à quoi bon céder à la superstition ? Il reste de l'espoir, tout de même.

C'est fou comme les gens sont observateurs. Personnellement, je ne regarde jamais autour de moi. Je traverse les lieux sans prêter aucune attention aux passants. Mais d'autres le font, paraît-il. Le jour de ta disparition, des jeunes gens t'auraient vue vers la gare, aux alentours de 17 h 30. Tu courais. Qui fuyais-tu, vers qui t'élançais-tu ? Mais au fait, était-ce bien toi ?

Sabrina, l'une de tes amies, t'aurait aperçue dix minutes plus tard, à 17 h 40, à la hauteur du bar Le Colisée, te dirigeant vers Chambéry. Son témoignage est fiable, disent les gendarmes, puisqu'elle te connaît bien. Elle leur a dit : « Cécile est la fille du proviseur. » Petite erreur, tu es la mienne. Mais qu'importe, je n'ai pas d'orgueil. L'essentiel, c'est le minuscule indice apporté par ces déclarations. Un indice ? Peut-être pas, après tout : cinq minutes plus tard, une autre de tes amies, prénommée Myriam, t'aurait aperçue marchant d'un bon pas en direction du bas de la vallée, sur la CD 906. Tu avais, dit-elle, l'air « énervée ». Qui dit vrai ? Sabrina ? Myriam ? Ou bien Alia, qui t'aurait croisée entre 17 h 30 et 17 h 45 à hauteur des feux près de l'usine Péchiney ?

Ce dimanche-là, tu as vraiment l'air d'avoir acquis le don d'ubiquité, Cécile. À preuve ? Vers 19 h 25, un certain Jean te remarque sur la CD 906, en direction de Saint-Jean-de-Maurienne, tandis qu'entre 19 heures et 19 h 15, on te voit à Saint-Michel-de-Maurienne, à proximité du lieu-dit La Saussaz. Là encore, qui faut-il croire ? Le premier ? Le second ? Les autres, qui jurent t'avoir croisée à tel ou tel endroit, à telle ou telle heure ?

Quoi qu'il en soit, les renseignements s'accumulent. Il paraît qu'on t'a vue très récemment à Grenoble, plusieurs témoins l'affirment. Tu serais passée à la gare, tu serais entrée dans une église évangélique où tu aurais écouté le prêche. Du coup, Maryse pense que tu as pu être endoctrinée par une secte.

Moi, je n'en sais rien. À force d'interroger, de vérifier, on finira bien, j'en suis persuadé, par distinguer le vrai du faux. Alors il ne restera plus qu'à tirer le fil qui mène jusqu'à toi…

Lundi 16 juin. Déception. Les témoins qui t'ont localisée à Grenoble se sont trompés. Une jeune fille à la silhouette svelte et aux cheveux bruns coupés court est bien passée à la gare, mais il s'agissait d'une jeune Polonaise. On l'a identifiée, interrogée. Elle n'a rien à voir avec toi.

Tu ne t'es pas rendue non plus à l'église évangélique. L'homme qui a cru t'y voir n'est pas fiable – les gendarmes ont perquisitionné les lieux, interrogé le pasteur et les fidèles, personne ne te connaît ni ne t'a aperçue.

Pour finir, tu ne t'es pas présentée à l'épreuve de philosophie du baccalauréat. Beaucoup espéraient t'y voir : elle a fait une fugue de huit jours, mais elle est revenue à la raison, elle va passer le bac, elle va le décrocher et, l'an prochain, elle commencera ses études. Elle veut devenir professeur de sport, elle y arrivera !

Au lycée Paul-Héroult, tes camarades sont arrivés un à un, à l'heure dite. Ils ont sans doute regardé les avis de recherche, ont peut-être échangé deux mots à ton sujet, tourné la tête une dernière fois, pour s'assurer que tu n'apparaissais pas à l'autre bout de la cour – cette cour où vous avez, ensemble, joué au basket. Ensuite, ils ont gagné les salles de classe, se sont assis à la place qui leur était assignée, ont donné leur carte d'identité, ont signé la feuille de présence.

Sur quel sujet ont-ils planché ? « Le bonheur est-il affaire privée ? » « Sans l'art, parlerait-on de beauté ? » « L'idée d'une liberté totale a-t-elle un sens ? » Ou bien encore : « Connaissons-nous mieux le passé que le présent ? » Celui-ci m'interpelle. Car j'ai l'impression de ne plus connaître ni l'un ni l'autre. Mais mes états d'âme importent peu, finalement. Ce qui compte, c'est que tu n'as pas passé l'épreuve reine, celle que tu avais si vaillamment préparée. Il faut que quelque chose de grave te soit arrivé, pour que tu y aies renoncé.

On te cherche toujours. Ce matin, j'ai rencontré le gendarme B., de la brigade de recherches de Chambéry, qui me l'a confirmé. Nous nous sommes vus à Lille, où je travaille dans le cadre du congrès des entreprises du logement social. Comme je ne pouvais pas quitter le stand, nous nous sommes isolés dans un coin, sans personne pour nous déranger.

À la fois clair et chaleureux, le gendarme B., venu tout exprès de Savoie, a fait pour moi le point sur les recherches. Une quarantaine de militaires vont fouiller les abords de Pontamafrey, de l'usine EDF jusqu'au carrefour de la Madeleine. Ils longeront les bords de l'Arc, la voie ferrée, les parkings et même le chantier de l'A43, l'autoroute de Maurienne. Des plongeurs inspecteront les bassins et les points d'eau.

La presse régionale, elle, publie ta photo, suivie d'un court article: « Cécile, 17 ans, a disparu depuis huit jours », écrit *Le Dauphiné libéré*. La jeune fille, qui mesure 1,65 mètre, a des cheveux courts châtain foncé. Elle a été vue pour la dernière fois portant un pantalon de couleur foncée, bleu-vert, un T-shirt beige et des chaussures de sport, marchant le long de la route, un kilomètre en aval de Saint-Jean-de-Maurienne, le long de l'Arc. » Suit un numéro de téléphone – celui de la ligne qui t'est spécialement destinée à la gendarmerie.

Si les gendarmes et les plongeurs ne te trouvent pas – ce que j'espère de tout mon cœur –, cet article suscitera sans aucun doute une nouvelle brassée de témoignages. L'un d'eux, je veux en être persuadé, sera déterminant.

Nous allons te retrouver, Cécile.

4

Voilà treize jours que tu as disparu, Cécile.

Nous sommes le 21 juin, jour de la Fête de la musique. Toutes les villes françaises la célèbrent. À Saint-Jean-de-Maurienne comme ailleurs, on chante et on danse, on se promène et on s'amuse. Le soleil ne se couchera que très tard, l'air est doux, l'été est à portée de main. Les vacances arrivent, chaleur et mer, liesse et farniente.

Si tu étais là, sans doute serais-tu allée flâner avec Jérémie, ton petit ami. Peut-être aurais-tu partagé la nuit avec lui. Mais rien de tout cela n'est arrivé – les rues sont vides de toi, même si tous, nous espérons encore que tu reviennes, sortie de nulle part, silhouette souple au bout du chemin. Si tel était le cas, personne ne te demanderait d'explications, Cécile. Nous nous contenterions d'ouvrir les bras et de les refermer sur toi, pour ne plus que tu partes.

Ce 21 juin, bien avant le coup d'envoi de cette fête si populaire, Jérémie a été entendu par les enquêteurs. Il a poussé la porte de la gendarmerie à 8 h 15. J'imagine qu'à cette heure ses yeux étaient encore pleins de sommeil. Avait-il bu un café, mangé un bol de céréales, comme tant d'adolescents ? Ou bien était-il à jeun, l'estomac noué par ce qui l'attendait ? Ce n'est jamais facile d'affronter des gendarmes. Surtout quand on a dix-huit ans.

Jérémie a eu ce courage. Ces quatre heures, il a dû les trouver longues comme des siècles. En atteste sa signature tremblée, incertaine, désespérément enfantine. Je n'ai lu son audition, classée à la cote D133, que des années plus tard. Car tu l'auras compris, Cécile, j'ai longtemps laissé les gendarmes travailler, avant de m'immerger moi-même dans le dossier. J'y ai découvert une brassée de menus détails sur toi, ta vie, tes habitudes. Cela m'a noué le cœur, mais aussi réconforté, d'une certaine façon. Tu es partie, mais tu es toujours là, dans ces lignes naïves, sincères, où l'émotion se devine, pas tout à fait masquée par la forme.

C'est étrange de découvrir son enfant à travers les regards de ses proches, c'est émouvant. Cela surprend, parfois. À lire les mots de ton petit ami, je me suis dit que je ne te connaissais pas si bien que ça, après tout. Mais un père connaît-il vraiment sa fille, malgré tout l'amour qu'ils se portent ?

Tu as donc rencontré ce garçon au printemps 1995, un mercredi après-midi, au cours d'un entraînement d'escalade, sport que vous pratiquiez tous les deux. Si je ferme les yeux, je peux t'imaginer sur le mur, grimpant avec méthode, de prise en prise. C'est un sport qui te va bien, l'escalade. Il faut avoir du souffle, de l'endurance, de l'assurance, mesurer chaque effort, se hisser vers le sommet avec précaution, mais détermination. Il faut, en un mot, être équilibré, tant dans son corps que dans sa tête. Jérémie et toi alliez dans ce sens, j'imagine. Vous vous complétiez, vous vous entraidiez, vous étiez heureux, ensemble, de l'effort accompli et de son résultat.

Vous avez attendu dix mois avant d'aller plus loin. C'était le 16 décembre 1995, lors d'une fête organisée par des amis communs. J'ai le souvenir de ce genre de soirées entre copains, à mon époque. Nous nous y préparions fébrilement, faisant des paris sur qui sortirait avec qui. Les garçons étaient empruntés, les filles étaient coquettes, mais encore trop adolescentes. Il y avait de la bière.

Un jour, Cécile, au cours d'une fête chez nous à Mathan, je t'ai vue dans la grange, une bouteille de bière à la main, une cigarette dans l'autre. Tu avais seize ans, j'ai souri. Tu m'as dit que tu aimais la Desperados. En avais-tu bu un peu avant d'embrasser Jérémie pour la première fois ? Ce qui est sûr, c'est que ce baiser a scellé le début d'une vraie histoire.

Je vous imagine entre caresses, escalade et promenades. Il aimait la marche, comme toi. De belles randonnées en montagne s'ouvraient à vous. Pour tous, désormais, vous formiez un couple, jeune mais résolu, tendre. Deux amoureux discrets, mais réellement épris l'un de l'autre. Tu as même passé quelques jours chez ses parents, à Briançon. Sur les consignes de Maryse, vous n'avez pas dormi ensemble. Mais après tout, ce qui compte, c'est que tu aies été heureuse.

Et tu l'as été, je veux le croire, puisque tu portais la boucle d'oreille argentée que Jérémie t'avait offerte – celle qui brille, désormais, sur l'affiche que j'ai collée à Grenoble. Ce bijou a une véritable valeur symbolique, c'est l'un des seuls que je t'ai connus. Tu n'étais pas coquette au sens où les filles peuvent l'être. Tu ne portais ni jupe ni hauts talons, mais des jeans et des baskets. Quant au maquillage, tu en mettais rarement. Tu étais une très belle fille, Cécile, mais parfois tu ressemblais à un garçon manqué. Sauf quand tu souriais, gracieuse, et que ton visage s'illuminait.

Dans le procès-verbal de Jérémie, l'information n'occupe que deux lignes : « À la fin du mois de décembre 1996, dit-il, pendant les vacances de Noël, je me suis rendu chez Cécile à Saint-Jean-de-Maurienne. Ses parents n'étaient pas au courant, ils étaient absents. J'ai dormi chez elle. » La phrase ne signe pas seulement une étreinte. Car, un peu plus loin, ton amoureux précise que ton beau-père te « refusait les visites de toute sorte ».

En recevant Jérémie chez toi, en dormant avec lui, tu es donc passé outre – et cela, semble-t-il, ne t'a posé aucun problème. Pour quelle raison, alors, étais-tu angoissée à ce point, après avoir invité tes quatre amis à dîner, le samedi 7 juin au soir ? Mais j'y pense… tes relations avec ton beau-père étaient-elles aussi mitigées que l'affirme ta sœur Chloé, à la cote 128 du dossier ?

Ici, il m'importe de dire que je n'ai jamais eu aucune rancœur à l'égard de ton beau-père ou de ta mère, bien au contraire. Quand Maryse m'a quitté pour lui, Cécile, tu n'avais que six ans, mais notre relation battait de l'aile depuis longtemps déjà. Si j'ai accusé le coup durant quelques semaines, j'ai aussi éprouvé un vrai soulagement. C'est donc tout naturellement que ta mère et moi avons cessé d'être un couple pour devenir des « cohabitants ».

Pendant l'année 1985-1986, nous avons partagé la maison de Mathan. J'ai pris le premier étage, où j'ai fait installer une petite cuisine. Maryse a gardé le rez-de-chaussée, où nous avons bricolé une salle de bains. Tu as bien sûr gardé ta chambre et tes habitudes.

En 1987, Maryse a décidé d'aller vivre avec ton beau-père. Nous t'avons demandé ce que tu souhaitais faire. Tu nous as répondu que ça t'était égal. Tu es donc restée avec moi – je préférais que tu ne changes pas d'établissement scolaire. C'est ainsi que je suis devenu père célibataire durant la semaine. Ta mère et ton beau-père te retrouvaient le week-end.

J'ai souvent vu celui-ci à Mathan. Je le trouvais carré, organisé, féru de discipline, généreux. Tu lui semblais attachée, tout comme à ton frère et à ta sœur quand ils sont nés. Une vidéo que je ne regarde pas souvent, tant elle m'émeut, te montre en vacances à la neige, fille épanouie, sur des skis. Cette année-là, tu m'avais envoyé une carte postale pour me dire qu'il t'avait acheté des moufles rouges et un jeu de société. Ton sourire, tes dessins vifs et colorés, ta sérénité m'ont persuadé que tu étais heureuse.

D'autres ont eu une autre image de toi. À la cote D131, Marc, l'ami d'enfance de Maryse – son presque frère –, affirme que tu te sentais peut-être « oppressée » par ton « rôle de jeune fille modèle, bonne élève, studieuse, sérieuse, aimant sa maman, ses petits frères et sœurs, idéalisée en permanence par son entourage». Si tel était le cas, je ne m'en suis pas aperçu. Et pourtant, nous passions beaucoup de temps ensemble.

Non seulement tu as disparu, Cécile, mais certains souvenirs de tes proches m'interrogent. Qui étais-tu? L'adolescente lumineuse qui riait à mes côtés, ou une jeune fille troublée, aux traits pourtant sereins? Peut-être étais-tu duelle, comme souvent les adolescents, encore attachés à leur famille mais à la recherche, déjà, d'une plus grande autonomie. Peut-être aurais-je dû te prêter plus d'attention, chercher, sous le bonheur apparent, un trouble naissant. Peut-être aurais-je dû te questionner sur ta vie, là-bas, à Saint-Jean-de-Maurienne. Si je l'avais fait, les choses auraient-elles été différentes? Qui peut le dire, Cécile. Les parents n'ont pas toujours le beau rôle. S'ils se taisent, ils passent parfois à côté. S'ils questionnent, ils voient leurs enfants se détourner. Je ne sais pas ce que j'aurais dû faire ou ne pas faire…

21 juin toujours. Loin de la musique et de sa fête, je suis revenu à Mathan, cette maison perquisitionnée voilà trois jours. Je n'y ai vu aucun mal:

tu as disparu, il est normal que les enquêteurs cherchent tes traces. Ils ont fouillé aussi ta chambre à Saint-Jean-de-Maurienne et saisi quelques-unes de tes affaires, dont une couette qu'ils ont ensuite expédiée au laboratoire, pour analyses. Elles se sont révélées négatives : les spécialistes n'y ont retrouvé ni tache de sang, ni sperme, ni même ADN. J'écris ces mots avec tristesse : comment en est-on arrivé là ? Pour un peu, je me croirai dans un de ces romans policiers que j'aimais lire, ceux de James Ellroy.

Donc, les gendarmes sont venus à Mathan. Je n'étais pas là, je travaillais. J'ai demandé à Jack, mon voisin, de leur ouvrir la porte et de rester près d'eux pendant qu'ils fouillaient la maison. Je dois reconnaître qu'ils ont été très corrects. Je n'ai retrouvé aucun désordre, ni même une trace de leur passage. Mais je ne peux m'empêcher de les imaginer sur les lieux de ton enfance, dans cette chambre où, voilà quelques semaines, tu dormais encore. Ils ont vu tes dessins, encadrés pour certains, les peluches posées sur les étagères, au milieu des bibelots. Ils ont respiré l'air de ton univers adolescent, grand lit et couvre-lit sages, vêtements soigneusement pliés, posters aux murs. Ont-ils, comme dans les films, passé la main sous ton matelas, pour voir si, d'aventure, tu y avais caché quelque chose ? Ont-ils écarté tes vestes et tes jeans, soulevé tes pulls et tes sous-vêtements ?

Quoi qu'il en soit, ils n'ont rien trouvé, ni chez toi ni dans la maison. Même si, comme je le suppose, ils ont ôté les livres des étagères et ouvert les tiroirs. Mais tu aurais bien ri, sans doute, de voir tout ce remue-ménage au fin fond de notre campagne, cet endroit si paisible…

Tu y as vécu jusqu'à ce que tu rejoignes ta mère et ton beau-père à Vernon, dans l'Eure, en 1987. Ce n'était pas trop loin. Vous veniez passer les week-ends à Mathan, et je te voyais aussi pendant les vacances scolaires. Je t'ai donc regardée grandir, semaine après semaine, au moins jusqu'en 1994. Cette année-là, ton beau-père a été muté à Saint-Jean-de-Maurienne. J'avoue que ça m'a fait un choc. C'était loin et peu commode d'accès, nous ne pourrions plus nous voir si souvent. Nous avons décidé que nous nous verrions au moins une fois par mois à Mathan, Saint-Jean-de-Maurienne ou Paris, pendant les périodes scolaires. À quatorze ans, tu étais assez grande pour prendre le train. Je t'offrais le billet.

J'ai appris, dans l'audition de Jérémie, que lors de tes derniers voyages tu ne le compostais pas toujours, pour pouvoir te le faire rembourser. Petite supercherie d'adolescente. Sans doute t'achetais-tu quelques vêtements, des chaussures de sport, un livre, de ceux que tu lisais, chez nous, dans le jardin, adossée au tronc d'un pommier. Je ne t'en veux absolument pas, Cécile, même si tes petites transgressions étaient inutiles : je t'aurais volontiers donné cet argent si tu me l'avais demandé.

La dernière fois que tu es venue, c'était en avril 1997, pour mon anniversaire. J'étais heureux de te voir, je t'avais récupérée à Caen. Chloé était là, elle aussi. J'aimais passer du temps avec vous deux, sœurs qui vous entendiez si bien. Qu'avons-nous fait au cours de ce week-end ? Je ne m'en souviens pas exactement. On ne fait pas attention aux choses quand elles sont normales. Peut-être ai-je préparé un de ces crumbles aux pommes que vous aimiez tant. Préchauffer le four, peler, évider et couper les pommes en gros cubes, les cuire, ajouter du jus de citron, de la cannelle, puis mélanger la farine, la cassonade, le beurre et recouvrir les fruits, mettre au four une bonne demi-heure, déguster tiède. Tu l'auras mangé avec plaisir avant de reprendre tes révisions. Tu travaillais d'arrache-pied pour l'avoir, ce bac. Que tu n'as finalement pas passé.

Voilà ce qui t'importait, Cécile : le bac, les vacances en Espagne, la rentrée à Grenoble, la fac, la liberté. Pour quelle raison tes rêves se sont-ils brisés ? J'ai du mal à rester chez moi, en ce moment. Il me semble que ton rire résonne dans la maison.

Je crois entendre tes pas dans l'escalier, une porte qui claque et je te crois rentrée. Dehors, les fleurs des pommiers sont tombées, la récolte sera belle. Goûteras-tu nos pommes cet automne ? Parfois, je commence à en douter.

Cette journée n'en finit pas. Là-bas, à Saint-Jean-de-Maurienne, les gendarmes ont arrêté de battre la montagne. Ont-ils eu tort ? Il y a là-bas tant de chemins et de grottes, de ravins et de précipices… Ils n'ont pas pu tout fouiller. J'espère de tout mon cœur que tu n'es pas allée te promener dans un endroit reculé, que tu n'as pas glissé, que tu n'es pas tombée et que tu ne gis pas quelque part, blessée, incapable d'appeler les secours.

J'espère aussi que tu ne t'es pas mis en tête de faire du stop, sur cette route où l'on t'a vue pour la dernière fois le jour de ta disparition. Car du stop, tu en faisais parfois. C'est l'audition de Jérémie qui me l'a appris. Décidément, j'en découvre des choses. Tu voulais même partir en vacances en Espagne par ce moyen ! C'est lui qui t'en a dissuadée. Tu t'es rangée à ses arguments et tu as commencé à préparer votre voyage en téléphonant plusieurs fois à l'office de tourisme…

Ce dernier détail, je l'ai appris en lisant les comptes rendus des gendarmes, qui ont minutieusement vérifié tous les appels passés de la ligne de l'appartement de Saint-Jean-de-Maurienne. Ils ont aussi relevé les appels des cabines téléphoniques proches des endroits où l'on t'aurait vue, mais aussi les appels de tes amis, de tes grands-parents, sans oublier les miens. C'est cela, une enquête. Des centaines de vérifications, longues, laborieuses, incessantes. Un travail de titan, qui n'a toujours pas porté ses fruits. Mais au moins il a été fait, et c'est bien normal.

5

Je ne sais plus si je t'ai expliqué comment j'ai fait la connaissance de ta mère, Cécile. Si tel n'est pas le cas, je vais te le raconter. Et si par miracle tu lis ce livre, peut-être, où que tu sois, seras-tu heureuse de l'apprendre.

C'était en 1976. À cette époque, j'étais marié et je vivais à Bruxelles, où je m'étais installé pour raison professionnelle. J'étais cadre dans une société américaine, je gagnais pas mal d'argent, notre vie était donc confortable : un bel appartement, une grosse voiture, des fins de mois sans soucis, tout ce qui, normalement, peut apporter un certain bien-être.

Étais-je heureux ? Parfois oui, parfois moins. J'étais installé, je dirais même établi. Fabienne, mon épouse, veillait sur nos deux jeunes enfants, Chloé et Matthew, avec beaucoup d'amour. Le week-end, nous allions souvent voir ses parents, qui habitaient

Mareil-Marly, tout près de Saint-Germain-en-Laye, dans les Yvelines. Le temps s'écoulait entre journées harassantes et soirées familiales. Les vacances étaient courtes, mais je ne m'en plaignais pas. En bref, tout allait bien. Mais tout pouvait basculer, tant je me sentais sous pression.

Maryse était une amie d'école de Fabienne. Toutes deux ont grandi dans un environnement confortable, celui de ces villes proches de Versailles où tout est taillé au cordeau : belles maisons, parcs et jardins. Lycées d'excellence, activités extrascolaires variées, plus d'uniforme mais des vêtements sages, un moule dont Maryse a réussi à s'échapper.

Bien sûr, elle travaillait à l'Éducation nationale, ce qui n'est pas un gage de fantaisie. Mais c'était une très jolie femme, à la peau de porcelaine, dont les yeux bleus me fixaient avec une grande intensité. Je lui plaisais, c'est sûr. Au départ je n'ai pas relevé. Elle a continué de me fixer. Je l'ai trouvée audacieuse – et plus audacieuse encore quand, après m'être séparé de Fabienne, j'ai reçu une lettre d'elle.

Je ne vais pas me faire passer pour un enfant de chœur. Et puisque j'en suis aux confidences, j'avoue que je suis très sensible aux regards des femmes. Mais, cette fois, l'invite ne venait pas de moi. Cela m'a surpris et même plutôt amusé.

Nous avons pris un rendez-vous à Paris. Nous avons passé une nuit ensemble. Et, très rapidement, j'ai changé de vie. Définitivement. Plus de gros salaire ni de voiture puissante, plus d'emploi du temps harassant ni de soirées familiales, je me suis installé à Pierrefitte-en-Cinglais, en Normandie, et je suis devenu animateur d'un groupe de jeunes sans emploi. Une reconversion qui est allée de pair avec ma vie amoureuse : j'étais, enfin, un homme heureux.

Maryse était belle, lumineuse, rieuse, nous étions épris l'un de l'autre. À ses côtés, j'ai découvert une vie plus équilibrée, mais aussi le sens vrai des choses. Bêcher un coin de terre, remonter un mur, pierre après pierre, rire des heures durant avec des amis, manger de bonnes choses – elle était excellente cuisinière. Les premières années de notre union ont été enrichissantes et ta naissance a scellé l'affaire.

Nous nous sommes quittés, plus tard, sans rancœur ni rancune, je te l'ai déjà expliqué. Mais une profonde estime et une profonde amitié nous lient toujours – raison pour laquelle, en ce mois de juillet 1997, j'ai accepté, à sa demande, de me rendre à La Rochelle, où un radiesthésiste disait t'avoir localisée.

La radiesthésie n'est pas une science, loin de là. Certains, et ils sont très nombreux, l'assimilent plutôt à du charlatanisme. Ceux qui la pratiquent affirment que ce serait l'« art » de capter les ondes émises par tous les corps, visibles ou invisibles, de les identifier de près ou de loin, de déterminer l'endroit précis où ils se trouvent, leur nature, leur composition, leur quantité.

Selon une première école, ce serait le subconscient qui orienterait le pendule dont se servent les radiesthésistes. Une seconde école soutient qu'il serait dirigé par la seule présence d'« ondes ». Quoi qu'il en soit, les radiesthésistes semblent attirés par les affaires criminelles, en particulier par les disparitions d'enfant. Ainsi, pour ne citer qu'elle, la petite Marion Wagon a-t-elle été « retrouvée » des dizaines de fois. Des centaines de radiesthésistes se sont manifestés à son sujet. Mais tous les renseignements donnés étaient faux : autant d'espoirs perdus et de travail inutile pour les enquêteurs.

Tout cela n'est pas très engageant. Et pourtant, moi qui suis plutôt pragmatique, qui ne crois ni à Dieu ni à diable, me voilà sur la route de La Rochelle, ce 11 juillet. Je ne veux pas blesser Maryse, qui met une telle foi en cette piste improbable. Mais il y a autre chose. L'homme qui prétend t'avoir localisée est peut-être un témoin, un vrai, qui se cache sous des airs de sourcier. Il me faut vérifier ses propos, sous couvert d'aller te chercher…

Voilà pourquoi, Cécile, les kilomètres s'enchaînent à nouveau, les uns après les autres. Des heures de route, via l'océan Atlantique.

Autour de moi, le paysage change. La mer s'éloigne, se rapproche. À quoi est-ce que je pense dans la chaleur de ce mois de juillet ? À toi, bien sûr. Je récite comme un mantra les vers du poème que je t'ai dédié. *Loving you, Cécile.* Je t'aime, Cécile. Je te dis : « Bonjour, comment vas-tu ? » Et j'ajoute : « Mais surtout, où es-tu ? »

Le radiesthésiste t'a « vue » sur un promontoire avançant dans la mer. Ainsi, tu te serais rendue au bord de la mer ? Enfant, tu aimais l'eau, mais pas ce vent cinglant qui, sur les côtes normandes, enveloppe les baigneurs et les promeneurs de rafales vivifiantes pour les uns, désagréables pour les autres. Tu nageais, tu sortais, tu grelottais et tu protestais. Pour te protéger du vent, je creusais des trous pour que tu t'y niches – de là, tout à coup apaisée, tu nous regardais, ta mère, ton frère, ta sœur et moi. Nous formions, en ce temps-là, une vraie famille, tel était mon sentiment.

Bien sûr, Chloé était un peu jalouse de toi. Tu passais plus de temps qu'elle avec moi ; et surtout, je te parlais en anglais, notre langue commune. Mais vous vous aimiez comme deux sœurs, et tu avais aussi de l'affection pour Matthew. Il jouait de ton côté garçon manqué pour t'entraîner à toutes sortes d'escapades et parfois de bêtises. Je vous grondais, mais gentiment. Ensemble, nous faisions des tas de choses avec des riens, coquillages, bouts de bois, algues humides ou sèches. Vous étiez beaux, en pleine santé tous les trois – mes trois enfants.

La Rochelle, porte océane, capitale historique de l'Aunis, préfecture du département de la Charente-Maritime, en bordure de l'océan Atlantique, face au détroit entre île de Ré et île d'Oléron – m'y voilà. Ville belle et fière, avec ses citadelles, ses rues piétonnes qu'arpente une foule de badauds. C'est vrai, j'avais oublié, ce sont les Francofolies, ce festival de musique créé par Jean-Louis Foulquier et qui attire tant de jeunes. Ils marchent autour de moi en grappes serrées et rieuses. Malgré moi, je te cherche parmi eux. Si seulement je pouvais t'apercevoir, au coin d'une rue, accompagnée d'un garçon ou d'une fille, buvant une Desperados au goulot.

Allons, le radiesthésiste a dit qu'il t'avait vue. À cet instant, j'aimerais le croire. Tu as peut-être quitté le « promontoire entouré d'eau » pour te mêler à la foule ? Je regarde de tous mes yeux, j'erre, je tourne, je vire. Tu n'es pas là. Tu ne ris pas avec les autres, tu ne regardes pas les affiches annonçant le concert de Louis Bertignac. « Sans toi / Tout est si sans toi / Ton absence / Me parle tout bas / Partout du sans toi / Même les murs / Se demandent pourquoi », chante-t-il, et ses paroles prémonitoires résonnent à mes oreilles.

Les oubliant, je pourrais aller jusqu'au port, flâner le long des quais en admirant les voiliers amarrés, avant de m'asseoir à une terrasse et de commander un verre de vin et quelques huîtres. Je pourrais dîner seul, mais avec plaisir. Et peut-être, qui sait, engager la conversation avec ma voisine de table. Nous repartirions ensemble jusqu'à l'hôtel. La nuit, ensuite, ouvrirait ses portes. J'aime les débuts, quand on ne connaît rien encore de l'autre, qu'on le découvre. Demain matin, je pourrais prendre mon petit-déjeuner avec cette inconnue, lui dire « au revoir, à bientôt », garder ou pas son numéro de téléphone. La tentation m'effleure : c'est si rude de vivre à ta recherche, de suivre des traces que je ne vois même pas. Pourquoi ne pas céder, oublier, l'espace de quelques heures, m'enivrer d'alcool et de fausses amours, fermer les yeux ensuite et dormir, enfin, sans que ton absence envahisse mes rêves ?

Mais je ne le ferai pas. Parce que depuis que tu as disparu, il y a un peu plus d'un mois, je n'ai plus goût à ces choses. Je n'irai donc pas jusqu'au port. Je ne dégusterai ni les huîtres ni le vin, je n'engagerai aucune conversation. Je rentrerai seul dans ma chambre et je chercherai le sommeil sans le trouver, une fois de plus.

Il est encore très tôt, le lendemain, quand je sors de l'hôtel, une affiche à la main. Par où commencer ? À qui la montrer ? Hier soir, la ville était bondée. Ce matin, tout est désert. Ils dorment tous. Où trouver la force de les réveiller ? Mes pas me portent, suivant les indications du radiesthésiste, au bord de la mer. Là, un parking sur lequel sont stationnées des voitures. Tous les hôtels sont complets, raison pour laquelle, sans doute, des jeunes gens dorment à l'intérieur. Je dois pourtant les réveiller, malgré mes scrupules.

Il faut que je te retrouve, Cécile. Je m'approche, je frappe à la vitre de la première voiture, trois petits coups timides. Rien. Ah si. L'un des dormeurs ouvre les yeux, baisse sa vitre. Et avant qu'il referme, je lance :

— Bonjour. Je m'appelle Jonathan Oliver. Je suis le père de cette jeune fille. Elle a disparu depuis plus d'un mois. Est-ce que vous l'auriez vue ?

L'incrédulité. La compassion. L'incompréhension. Voilà à quoi je me heurte, durant toute cette journée, en te cherchant partout dans La Rochelle et ses environs. Mais qu'importent les réactions. Tout ce qui compte, c'est que personne ne t'a aperçue. Le radiesthésiste s'est trompé. Ce n'est pas une surprise. Maryse, que j'ai au bout du fil, ne renonce pourtant pas à rester en contact avec lui. Moi, je vais rentrer.

Là-bas, à Saint-Jean-de-Maurienne, les recherches se poursuivent. Les enquêteurs ont ratissé un nouveau coin de montagne. Des plongeurs ont fouillé l'Isère, autour du barrage EDF de Saint-Égrève. Descendant le lit de la rivière, ils ont exploré tous les obstacles, souches, troncs d'arbres, ferrailles susceptibles « de retenir un corps à la dérive ». Ils ont ensuite inspecté les turbines. À la section « observations » de ce rapport, ils mentionnent simplement – c'est la cote D251 – que « le gendarme Rolland X., de la brigade territoriale d'Annecy, a perdu sa montre de plongée. Il n'a pas été possible de la retrouver à cause du fort courant et de l'absence totale de visibilité ».

Tout ça pour ça… Mais en un sens cela vaut mieux. Tant que l'on ne retrouve ton corps dans les rivières ni dans la montagne, c'est peut-être que tu vas réapparaître, n'est-ce pas ?

Jérémie a été réentendu, il a confirmé ses premières déclarations et donné son emploi du temps pour le week-end des 7 et 8 juin. Quand un gendarme vous demande votre emploi du temps pour une période donnée, au cours de laquelle une jeune fille a disparu, cela veut-il dire qu'il vous soupçonne ? C'est peut-être ce qu'a pensé ton amoureux. Heureusement pour lui, il avait un solide alibi, de ceux qui vous mettent totalement hors de cause. Il n'empêche, son domicile a tout de même été perquisitionné, les petits mots et les lettres que tu lui avais adressés ont été saisis. Les voilà désormais à la cote D150. Comment aurais-tu pu l'imaginer, quand tu les rédigeais, cherchant le mot juste, la bonne phrase ? Voilà tes mots d'amour sous scellés. Ils ne méritaient pas ça, Cécile, ils n'étaient pas, à mon sens, de nature à faire avancer l'enquête.

Pour les besoins de celle-ci, le domicile de ta mère et de ton beau-père a été placé sur écoute, tout comme le mien et ceux de certains de tes amis. Des heures et des heures d'enregistrement ont été décryptées, en vain.

Les gendarmes ont pris contact, aussi, avec « diverses personnes susceptibles de nous apporter d'une part des éventuels renseignements sur la personnalité de Vallin Cécile, et d'autre part des éléments de nature à orienter les recherches de l'intéressée » – c'est le procès-verbal qui le dit, cote D243. Hugues, Prune, Sabrina, Yoann, Laureline et de très nombreux autres jeunes ayant effectué un stage Bafa en ta compagnie n'ont rien à déclarer. Ingrid, ton professeur d'anglais, te trouvait un peu « perturbée » avant ta disparition ; mais, à la cote D250, ton professeur de philosophie déclare le contraire. Céline, Sammy, Soraya ont changé de numéro de téléphone, tout comme Jennifer et Cédric. Salim ne te connaît pas : comment se fait-il, alors, que son numéro ait été communiqué aux enquêteurs ? Mathieu est sur liste rouge. Caroline et Céline ne savent rien, pas plus que les autres. Je ne citerai pas tous leurs prénoms, il y en a tant qu'ils rempliraient une page entière.

Frédéric, membre du club d'escalade, explique quant à lui que tu es une fille « mignonne et plutôt agréable » et qu'il ne connaît « personne qui aurait des raisons de ne pas t'aimer ». Sous la même cote D246, il signale qu'il a lui-même fait une fugue, parce qu'il avait « pété un plomb ». Et il ajoute qu'il « trouve bizarre que tu sois partie volontairement car la fugue, ce n'était pas ton style ».

Fugue ou pas, Cécile, de très nombreuses personnes ont cru te voir après ta disparition. Tu te serais trouvée dans l'autocar sur la ligne 33, qui va de Grenoble à Saint-Égrève. Mais aussi dans un camion frigorifique de couleur blanche, immatriculé en Espagne et stationné sur l'aire de repos Les Pâtures de l'autoroute A6. Ou encore place Sainte-Claire, à Grenoble, en compagnie d'un jeune homme âgé d'une vingtaine d'années, de type maghrébin. On t'aurait vue également sur le parking SNCF de la gare de Modane. Le gendarme Lionel M. signale quant à lui, à la cote D247, t'avoir aperçue sur le côté gauche de la chaussée, entre Chapareillan et Pontcharra. Tu faisais, à l'en croire, de l'autostop en direction de Chambéry. Enfin, tard dans la nuit, ton beau-père a reçu un appel téléphonique. Au bout du fil, quelqu'un qui pleurait – un canular odieux, on l'apprendra plus tard. Il ne le savait pas, bien sûr. Il a immédiatement alerté la gendarmerie, mais il n'a pas été possible de « remonter » l'appel, comme l'ont fait savoir les enquêteurs.

Étais-tu à l'autre bout du fil, Cécile ? Dans le car sur la ligne 33 ? Sur l'aire de repos Les Pâtures ? Place Sainte-Claire, à Grenoble ? Sur le parking SNCF de la gare de Modane ? Es-tu passée à Chapareillan ou à Pontcharra ? Peut-être. Peut-être pas. Ce qu'il y a de plus difficile, depuis que tu es partie, c'est que nous oscillons tous entre espoir et désespoir, attente et déception. J'en ai vraiment marre – et Maryse, que j'ai connue si solide, est très ébranlée.

Il est tard, ce soir. J'ai accepté de dîner chez des amis, je n'en pouvais plus de ma solitude. Et puis, il faut bien continuer à vivre.

Nous avons partagé un bon repas, bu quelques verres. Après le dessert, quelqu'un a sorti un joint. Voilà très longtemps que je ne fume plus ni tabac ni autres substances. Pourtant, j'ai accepté de tirer dessus. L'herbe était âcre mais bonne, elle m'a donné envie de prendre l'air. Je suis sorti dans le jardin et je me suis allongé dans l'herbe, tête levée vers le ciel. La lune était pleine cette nuit-là – et dans sa transparence, j'ai vu ton visage. Il était si net que j'aurais pu le toucher. Je l'ai contemplé longtemps. Joues rondes, grands yeux ouverts en une expression triste, tu étais là, Cécile, près de moi mais aussi très loin.

L'espace de quelques minutes, pour la première fois depuis ta disparition, j'ai été au calme.

6

« Coucou papa, juste un petit mot pour te dire que je t'aime. Je révise tout le temps, mais aujourd'hui, je suis allée à Grenoble avec le lycée, c'était très sympa. Visite du musée d'art moderne plus quartier libre. Le temps est formidable. Vive l'été ! Je t'embrasse très tendrement, j'espère à très bientôt. Je pense que pour le dernier week-end de juin c'est OK, à reconfirmer.

Cécile. »

Ce mot que tu m'as adressé est joint à ton dossier. C'est le dernier que j'aie reçu de toi, quelques jours avant ta disparition. Écriture ronde et douce, orthographe impeccable, il m'a fait plaisir quand il est arrivé. Je me suis réjoui à l'avance de te voir à Mathan après les épreuves du bac. J'étais certain que tu passerais l'écrit haut la main et que nous pourrions fêter ton succès.

Aux arbres, les cerises auraient été rouges, nous les aurions cueillies ensemble avant de nous installer au jardin pour déjeuner. Jack et Mireille, nos voisins et amis, nous auraient rejoints pour le café. L'après-midi se serait étirée entre rires et projets d'avenir. C'est tout ce bonheur que ton mot racontait. Je l'ai retrouvé je ne sais plus trop où. Dans un tiroir de mon bureau ? Glissé entre deux pages du livre que je n'ai jamais terminé ? Toujours est-il que je l'ai donné aux gendarmes. Il m'en coûtait, Cécile, de me séparer des mots que tu avais tracés avec tant de tendresse. Je pouvais t'imaginer les écrivant, penchée sur la feuille comme tous les adolescents. Je voyais ta nuque découverte par tes cheveux fraîchement coupés – au fait, Cécile, pourquoi si courts ? Je n'ai pas eu l'idée de te le demander. Il ne faudrait pas laisser certaines questions en suspens. Il ne faudrait pas, non plus, avoir à se séparer de ses souvenirs. Mais pour les enquêteurs, ton texte est important. Car, dans une enquête pour enlèvement, chaque élément compte.

Car désormais ta disparition est qualifiée d'enlèvement par la justice. Le terme glace le sang. Il figure au haut de tous les procès-verbaux que j'ai pu lire. Il évoque un rapt brutal, une mainmise, une violence qui fait monter en moi la colère.

As-tu été kidnappée, Cécile ? Quelqu'un t'a-t-il croisée alors que, vers 18 h 45, tu marchais au bord de la route, là où un témoin fiable, selon les enquêteurs, t'a aperçue pour la dernière fois? Ton ravisseur a-t-il garé son véhicule sur le bas-côté, tout près des arbres, avant d'en sortir, de se précipiter vers toi et de te tirer de force à l'intérieur ? C'est possible, bien sûr. Mais ce n'est pas certain. Car cet enlèvement relève de l'hypothèse – tu as aussi bien pu fuguer, ou avoir subi le pire des crimes. Le problème, c'est que, pour ouvrir une enquête, il faut qualifier les faits – même si on ne les connaît pas, même s'il n'y a qu'un mystère, même si tout, depuis le week-end où tu as disparu, prend la forme d'un point d'interrogation.

Je crois t'entendre. Ta voix murmure à mon oreille. Tu ne comprends rien à tout cela. Tu as raison. Les arcanes de la justice sont bien tortueux. D'ailleurs, je m'y perds moi aussi, même si Maryse me donne beaucoup d'informations. Depuis le début, proximité oblige, elle est en contact constant avec les enquêteurs, mais aussi avec le juge d'instruction. Avant que tu disparaisses, je savais à peine ce que ces deux mots recouvrent. J'avais bien sûr entendu parler du juge Pierre Michel, abattu à Marseille par des truands, de plusieurs balles dans la tête, et devenu une légende. J'ai peut-être vu le film tiré de son histoire, avec Patrick Dewaere[1]. Quant au juge Lambert, il me disait vaguement quelque chose ; je ne m'étais guère intéressé à l'affaire du petit Grégory Villemin, mort noyé dans la Vologne en 1984. Il est vrai que les affaires criminelles ne me passionnent pas. Il aura fallu que tu disparaisses pour que je m'intéresse à une procédure, celle au cœur de laquelle tu te débats, adolescente de papier reconstruite de toutes pièces par les uns ou par les autres, à coups de procès-verbaux.

Juge d'instruction, donc. Qui est-il ? Quel est son rôle ? « Un souverain soumis uniquement à sa conscience et à sa loi, l'homme le plus puissant de France », comme l'écrit magnifiquement Honoré de Balzac[2] ? Quoi qu'il en soit, notre juge à nous – le premier, du moins, car en vingt ans de procédure il y en aura cinq en tout – s'appelle Serge Beugnon. Un prénom banal, Serge, très commun dans les pays slaves. La serge désigne un tissu dit « à armure croisée, à la fois robuste et élégant ». Évidemment, le prénom ne fait pas l'homme. Et Balzac avait peut-être tort.

Serge Beugnon n'a pas jugé utile de me convoquer, se bornant à me faire entendre par les

1. *Le Juge Fayard, dit le Shériff*, d'Yves Boisset (1977).
2. *Splendeurs et misères des courtisanes* (1847).

gendarmes. Je n'y ai pas vu mal, tant j'étais persuadé qu'il mettait tout en œuvre pour te retrouver. Et puis Maryse était très présente, très active. Elle lui écrivait souvent, à la main, de son écriture à la fois ronde et haute. Ainsi, le 28 juillet 1997, lui a-t-elle rappelé que tu avais disparu depuis déjà un mois et demi et que les recherches destinées à te retrouver étaient au point mort – elle emploie une formule plus courtoise, mais tout aussi angoissée. Le juge Beugnon a lu cette missive. En homme d'ordre, il l'a classée au dossier, où je l'ai retrouvée.

Il est pourtant vrai que l'enquête devrait aboutir. Tous les mineurs disparus finissent, un jour ou l'autre, par être retrouvés. Enfin, presque tous. Car, aussi incroyable que cela paraisse, certains enfants se volatilisent comme s'ils avaient disparu de la surface de la terre.

Aurore Pinçon, quatorze ans, partie de son domicile de Guérande à vélo, le 21 décembre 1995, deux ans et six mois avant toi – Aurore que l'on n'a jamais retrouvée, ni morte ni vive. Pas plus que Jérôme Cantet, sorti le 14 décembre 1994 acheter un cadeau de Noël à sa maman, sur le parvis de la Défense.

Charazed, dix ans, habitait Bourgoin-Jallieu, dans l'Isère. C'était une fillette brune au visage régulier, aux grands yeux sombres. Elle avait dix frères et sœurs, vivait avec eux dans une HLM. Ils regardaient « Croque-vacances » à la télévision quand elle a demandé à sa maman l'autorisation de sortir. Sa mère a dit oui, elle lui a dit d'en profiter pour sortir la poubelle. C'était le 8 juillet 1987. Personne n'a jamais revu Charazed. Bourgoin-Jallieu, ce n'est qu'à 134 kilomètres de Saint-Jean-de-Maurienne, une heure et vingt minutes de route.

D'autres enfants ont disparu en Isère. Ludovic Janvier, six ans, le 17 mars 1983, à Saint-Martin-d'Hères, à 104 kilomètres de ta ville ; Philippe Pignot, treize ans, le 25 mai 1980 à La Morte-sur-Isère, à 100 kilomètres. Y a-t-il un rapport entre leur disparition et la tienne ? C'est tout de même curieux, cette proximité géographique. Une coïncidence ?

Les gendarmes ont, paraît-il, vérifié. Mais comment vérifier, quand il n'y a que des hypothèses ? C'est drôle, Cécile. Voilà que moi, qui avais une telle confiance en la justice, j'en arrive à avoir des doutes.

Octobre 1997. Le mois de ton anniversaire. Il approche à grands pas, maintenant : le 28, tu auras dix-huit ans, l'âge de tous les possibles. Tu seras majeure, tu pourras aller et venir comme bon te semble. Tu l'as déjà fait, si tu as fugué. Dans une poignée de journées, tu seras officiellement libre. Tu pourras réapparaître pour souffler les bougies de ton gâteau, n'est-ce pas ? Je te dirai ensuite, comme tous les ans, que je t'ai aimée depuis le jour où tu es née.

Je me souviens de ce jour comme si c'était hier, Cécile. L'automne était là, mais il faisait beau encore. Maryse, en fin de grossesse, travaillait dans le jardin de Mathan, cette maison que nous avions déjà achetée mais que nous n'occupions pas encore : trop de travaux à terminer, la poussière et le plâtre ne font pas bon ménage avec un nouveau-né. Maryse avait fait livrer un lot de belles poutres en chêne ; l'une d'elles est tombée du camion, et est restée au bord du chemin qui monte à la maison. Je n'ai pas eu le temps de m'en occuper : il fallait que j'emmène ta mère à la maternité de toute urgence. La poutre est restée comme un symbole. Après ta disparition, je l'ai récupérée et l'ai mise dans le jardin. À chaque fois que je regarde par la fenêtre de ta chambre, je l'aperçois.

Tu es venue au monde rapidement et Maryse n'a pas trop souffert. J'étais là. À l'époque, l'échographie prénatale n'existait pas. Nous ne connaissions donc pas ton sexe. Fille ou garçon ?

Peu nous importait. Tout ce qui comptait, c'était que tu étais l'enfant de notre amour. Puisque tu étais une fille, nous avons décidé de t'appeler Cécile. Si tu avais été un garçon, nous t'aurions prénommé Charles, parce que c'est doux et que ça se prononce aussi facilement en français qu'en anglais. Cécile, ma fille, comme la chanson de Nougaro. Un bébé tout rond, aux yeux de couleur indicible, que j'ai aimé au premier regard.

Bien sûr, j'étais déjà père de Chloé et Matthew. Chloé, mon aînée, était vive et malicieuse, un vrai délice. Les premiers mois, c'est moi qui, la nuit, lui donnais le biberon. Matthew est arrivé dix-huit mois après, deux petits au lieu d'un. Beaucoup de bonheur, une vie de plus en plus compliquée, une relation complexe avec ma femme. Je me suis séparé d'elle quand ils étaient très jeunes. Et si j'allais régulièrement les chercher, ils ne grandissaient pas près de moi comme tu l'as fait, Cécile.

Avec toi, j'ai vécu la paternité au quotidien, jeux et premiers sourires, premiers pas et comptines. Un vrai bonheur, que je n'avais connu que partiellement avec Chloé et Matthew. Tu n'étais pas ma préférée : j'ai toujours aimé mes trois enfants autant les uns que les autres. Tu étais celle qui vivait à mes côtés, qui grandissait près de moi. J'en garde, aujourd'hui encore, un souvenir émerveillé.

Octobre, toujours. Les jours passent l'un après l'autre, interminables. Puis, au bout de la semaine, je me dis : « Déjà. » Car je redoute le jour de tes dix-huit ans, ce premier anniversaire, sans toi. Pourtant, le voilà déjà arrivé, dans ce soleil pâle qui se lève, ces rais de lumière qui dansent, la rosée qui recouvre l'herbe dehors, l'horizon dégagé, l'air même que je respire dans cette maison que tu connais si bien. Tu n'es pas là, et pourtant je te frôle à chaque pas. Là, un dessin sur un mur, ici, ce sac en tissu que tu m'as confectionné, là encore, ta photo en noir et blanc. Assise, tu souris, air pensif, regard tendre, mains à jamais posées sur le sol.

Dehors, le jardin est désert. Et je crois pourtant te revoir, grimpant à l'arbre, agile et rapide. Descends, Cécile, tu vas te faire mal ! Mais tu n'écoutes rien, tu continues. Là-bas, ta mère bêche notre potager. C'était il y a si peu de temps encore, un temps à jamais révolu. Pas grave, tu vas revenir, sans doute, peut-être, pour cet anniversaire.

Finalement, je ne l'ai pas achetée, cette corde d'escalade. Mais tu ne m'en voudras pas, nous pourrons toujours aller ensemble au magasin. Ça sera même mieux, tu prendras celle qui te plaît le plus, de la couleur qui te convient.

Tu es partie depuis trop longtemps. Sais-tu que tout le monde continue de te chercher ? Le radiesthésiste qui t'avait vue à La Rochelle est toujours en contact avec Maryse. Il continue d'avoir des « visions » de toi. Cette fois, il te situe à Vire, dans le Calvados. Qu'aurais-tu bien pu aller faire là-bas, Cécile ? Je n'en sais rien. J'y suis allé tout de même pour vérifier ses dires. En vain, bien sûr. Je n'ai guère goûté la promenade.

À Saint-Jean-de-Maurienne, les recherches ne sont pas interrompues. L'un après l'autre, les délinquants sexuels connus ont été contrôlés, à l'échelle locale et nationale. L'emploi du temps des détenus ayant quitté la maison d'arrêt d'Aiton, en Savoie, au moment de ta disparition a été vérifié. Des investigations ont été effectuées au sein des entreprises dont le personnel, fixe ou intérimaire, travaille sur le chantier de l'autoroute de Maurienne. Et les gendarmes ont rédigé plusieurs comptes rendus méthodiques des différentes pistes qu'ils ont suivies…

Un gérant de la station-service est certain de t'avoir vue le 17 juin 1997 entre 21 h 30 et 22 heures. Le 21 juin, à 13 h 10, un chauffeur de car a expliqué à une jeune fille qui te ressemblait comment aller en Espagne. Le 1er juillet, vers 17 heures, un chauffeur routier circulant sur l'autoroute A6, à hauteur de Villefranche-sur-Saône, t'aurait vue à bord d'un camion espagnol.

Il y a aussi la piste Pontcharra, puisque le gendarme M., de l'escadron de Chambéry, croit t'avoir aperçue faisant du stop le 15 juillet, du côté de ce village. Puis il y a ce van gris métallisé, immatriculé dans le département de Haute-Garonne (31), que conduisait un homme brun, âgé d'une trentaine d'années, de type méditerranéen, que l'on a aperçu à divers endroits de Saint-Jean-de-Maurienne, le 8 juin, jour de ta disparition. En recoupant les horaires, les gendarmes se sont aperçus que tu aurais pu croiser ce véhicule, peut-être même y monter. Le juge Beugnon adhère à cette hypothèse, semble-t-il. Il a demandé aux forces de gendarmerie de tout mettre en œuvre pour la conforter. Deux cent quatre-vingt-huit véhicules ont déjà été contrôlés. Cinquante-six ont échappé au contrôle. Aucun n'a été reconnu par le témoin qui l'a croisé. Mais les investigations ne sont pas terminées, loin de là. Cette piste ou une autre, n'importe, débouchera peut-être sur quelque chose. Comment savoir ?

28 octobre. Le jour de tes dix-huit ans. Le soir arrive. Il fait doux encore, les feuilles des arbres ne sont pas toutes tombées. La pelouse est d'un vert tendre, il a beaucoup plu ces derniers temps. Dans la cuisine, un plat mijote sur le feu. Je sais que je ne le mangerai pas. Je n'ai plus d'appétit,

en ce moment. Tu n'es pas rentrée, ni à Mathan ni à Saint-Jean-de-Maurienne. Je devrais y voir un sombre présage. Je ne m'y résous pas, ce serait faire le deuil de toi, et ce deuil est impossible.

Je sors de la maison. Et dans la pâleur de la pleine lune, ton visage se dessine. Rondeur des joues, cheveux coupés court, yeux doux, lèvres pleines, tu es là.

Très bon anniversaire, Cécile. Je t'aime depuis le jour de ta naissance. Et il en sera toujours ainsi.

7

Il faut bien continuer à vivre. Pour cette fin d'année 1997, je suis allé en Angleterre. Un départ rituel ou presque : quand vous étiez enfants, Chloé, Matthew et toi, nous y allions souvent passer Noël tous ensemble. La veille de notre départ, tu emballais les cadeaux. C'était toujours toi qui t'acquittais de cette tâche avec plaisir. Tu l'accomplissais à la perfection, même très jeune. Je te revois encore découpant le papier avec soin, avant d'envelopper les livres ou les jeux, les parfums ou les chocolats, et de fermer ton paquet à l'aide d'un minuscule bout de scotch. Le tout au carré, impeccable, joliment enrubanné.

Nous entassions dans le coffre nos valises, les cadeaux, du vin et du foie gras, avant de fermer la maison de Mathan et de prendre, joyeux, la route de Calais. C'était presque Noël, la neige freinait souvent notre avancée. Des flocons blancs tombaient, poudrant les arbres d'une couche soyeuse. Devant nous, parfois, un animal traversait – écureuil, lapin –, laissant des traces légères. Vous ne vous teniez plus de joie. Je conduisais prudemment. Nous arrivions, enfin, devant la mer grise et houleuse. Le ferry était là, à quai, une petite foule déjà entassée sur le pont.

La traversée ne durait que deux heures, mais elle prenait des airs d'aventure. Bar enfumé – en ce temps-là, on avait encore le droit de griller cigarette sur cigarette n'importe où –, pont balayé par un vent trop froid, vous vous émerveilliez de tout et de rien. Les femmes nous regardaient, un père et ses trois enfants, l'aînée belle et brune, le garçon beau et vigoureux, la plus petite, toi, Cécile, courant après ses aînés. Je vous achetais un sandwich et une boisson, le roulis vous faisait sourire. Au loin, les falaises blanches de Douvres se dressaient vers le ciel très bas. Promesses de réjouissances que ne ternissait pas la route jusqu'à Londres, trois petites heures, conduite à gauche, j'avais parfois du mal à me le rappeler. L'Angleterre était là, dans cette campagne aux bocages serrés. Une pluie fine avait remplacé la neige, les banlieues de la capitale étaient parfois nappées d'un brouillard épais. En son cœur, tout ce que je m'étais promis de vous faire visiter, Piccadilly Circus et Big Ben, St Jame's Park et le château de

Buckingham, les jardins de Kensington et l'abbaye de Westminster, sans oublier une halte dans un débit de *fish and chips*, frites craquantes et poisson panné servis dans un cornet brûlant.

Pour l'heure, nous nous rendions dans le quartier de Hampstead Heath, chez mon frère Peter et sa femme Yvonne. Ils habitaient, avec leurs enfants, une petite maison de brique rouge, façon fin de siècle. À l'intérieur, très cossu, atmosphère chaleureuse et grand arbre de Noël. Au sommet, non pas une étoile, comme en France, mais une fée. À son pied, des cadeaux auxquels nous ajoutions les nôtres. Nous nous retrouvions tous, Français et Anglais, avec une joie discrète. Tu filais jouer avec tes cousins, je m'installais pour boire un verre. Tu comprenais presque tout ce qui se disait, Chloé et Matthew un peu moins ; ils étaient un rien décalés, pas vraiment à l'écart, assez pour en être un peu gênés, ils me l'ont dit plus tard. Mais ils sont devenus bilingues assez rapidement. Sur le moment, ils avaient l'air heureux – comme toi, Cécile. Jeux et retrouvailles, dîner et causerie d'après dessert, nous allions nous coucher tard. Ce n'était pas votre habitude. Mais c'était Noël, les vacances, l'Angleterre… Je laissais filer.

Le lendemain matin, jour de Noël, à l'aube, vous étiez debout, impatients de déballer vos cadeaux. Quand les adultes donnaient enfin le signal, c'était une mêlée générale, ponctuée de cris de joie. La journée s'écoulait doucement. Le déjeuner du 25 décembre était traditionnel : saumon fumé d'Écosse ; dinde farcie aux marrons et rôtie à la sauge, accompagnée d'une sauce aux airelles ; stilton, ce fromage bleu à la pâte persillée, peu connu en France, qui me laissait en bouche un goût d'enfance. Puis, bien sûr, le Christmas pudding, gâteau traditionnellement préparé avec du gras de rognon, cuit à la vapeur, farci de fruits secs et de fruits confits, de noix et d'épices, conservé trois à quatre mois à l'avance et servi avec de la crème fraîche. Un menu typiquement anglais, que tu avalais avec délices, comme ton frère et ta sœur. Ce repas pantagruélique, en général bien arrosé, laissait place aux jeux et aux bavardages. Ensuite, nous sortions nous promener dans un Londres désert et glacé.

C'étaient de beaux Noëls. Je les avais tous en mémoire quand, en cette fin 1997, je suis arrivé à Hampstead Garden Suburb, devenu l'un des quartiers les plus huppés de Londres. Chez mon frère, tout, encore une fois, était réuni pour que cette fête soit superbe. L'arbre et sa fée, le menu traditionnel, les vins français et les cadeaux que j'avais apportés. Cette fois, c'est moi qui les avais emballés. Les mains m'avaient brûlé. Ma famille était là, ton oncle Peter, sa femme Yvonne, ta tante Cecilia et leurs enfants. Il y avait des rires et de la chaleur, des conversations animées. Et moi, au milieu, m'efforçant de faire bonne figure. Personne ne t'avait oubliée, mais personne ne parlait de toi. Tu planais autour de la table, fantôme silencieux qui occupait, je le sentais bien, toutes les pensées. Au début du repas, au moment des toasts, j'ai levé mon verre et j'ai dit :

— À tous ceux qu'on aime et qui ne sont pas là.

Avant de fondre en larmes.

J'ai dîné comme les autres, sans appétit mais avec une feinte bonne humeur.

Ce Noël 1997 est derrière moi. Le jour de l'an aussi. Nous voilà en 1998, année au cours de laquelle, je l'espère, nous allons enfin te retrouver. En attendant, j'ai décidé de faire tatouer ta signature à l'intérieur de mon poignet gauche. Dans mon désarroi, j'ai besoin de matérialiser ton absence par des marques visibles et durables. Le tatoueur n'en a pas paru étonné. Il avait sûrement dû en voir bien d'autres, cœurs entrelacés, dragons multicolores, aigles aux ailes déployées, croix et autres fleurs éternelles. Il a procédé avec soin et lenteur, lettre après lettre. *C* comme Cécile, E comme espérance, *C* comme chaleur, *I* comme inspiratrice, *L* comme lumière, *E* comme émerveillement, cet émerveillement que j'ai connu en te regardant grandir, jour après jour. Voilà, ça a pris du temps, mais c'est fait. Ta signature fait désormais partie intégrante et permanente de moi-même.

11 février 1998. Huit mois ont passé depuis ta disparition. Pour la première fois, je vais rencontrer notre juge d'instruction. C'est moi qui ai sollicité ce rendez-vous. Il n'avait, semble-t-il, rien à me dire ni à me demander. Étrange. Sait-il bien que je suis ton père ? Je m'interroge.

Je l'ai dit, je suis peu familier des procédures judiciaires. Mais je veux, à ce stade de l'enquête, obtenir des explications, et non plus me contenter de celles que me donne Maryse.

Comme je le craignais tant, les jours sont devenus des semaines, les semaines des mois. Je ne veux pas que les jours se transforment en une année entière. J'ignore, bien entendu, que plus de vingt années s'écouleront sans que l'on ait avancé d'un pouce. Il n'y a « que » huit mois que tu t'es volatilisée.

Le magistrat m'attend dans son cabinet, au tribunal de grande instance d'Albertville, immense immeuble de béton et de verre. On y entre encore comme dans un moulin, il n'est question à cette époque ni de sécurité, ni de portiques, ni de plan Vigipirate. Je suis à l'heure, un peu en avance même, le temps nécessaire pour trouver son bureau, dans un dédale de couloirs ou cavale une petite foule d'avocats pressés, clients sur leurs talons. Un court moment dans la salle d'attente et j'entre.

Le bureau du juge Serge Beugnon est une pièce sans âme. Des murs clairs, un mobilier laid mais robuste, des armoires que j'imagine remplies de dossiers : tu n'es pas la seule à occuper son temps, loin de là. Le magistrat, derrière son bureau, me salue d'une voix neutre et m'invite à m'asseoir. Combien d'hommes et de femmes, avant moi, ont pris place sur le siège qu'il me désigne ? Des centaines ? De combien de protestations d'innocence cette pièce a-t-elle résonné ? Qui les a crues ? Mystère. Mais, d'un coup, je me sens mal à l'aise. Et ce sentiment se renforce encore, quand commence l'entretien.

Notre échange est classé dans ton dossier à la cote D280. Il mérite que l'on rapporte sa première phrase, celle prononcée par le juge. Sur le procès-verbal, les deux mots sont écrits en majuscules.

LE JUGE : Vous avez souhaité de votre propre initiative me rencontrer. Avez-vous des éléments à faire valoir ou des pistes à exploiter dans le cadre de l'enquête visant à retrouver votre fille ?

Le juge d'instruction est peut-être l'homme le plus puissant de France, mais, à cet instant, je trouve que Serge Beugnon manque singulièrement de délicatesse. Ainsi, moi, Jonathan Oliver, père d'une adolescente disparue, je devrais donner des pistes à un magistrat dont le travail est, précisément, d'en trouver ? C'est le monde à l'envers ! Voilà ce que je lui dis. Et je lui dis aussi, Cécile, que ton absence est un scandale quotidien, que je voudrais être certain que tout est bien mis en œuvre pour te retrouver. Après tout, tu es la seule mineure dont la disparition en France n'ait pas été élucidée au cours de l'année passée.

Face à moi, le magistrat ne cille pas, ou à peine. Il me répond simplement de sa voix plate, monocorde, que tel est bien le cas. Et il ajoute, l'air désabusé :

— Mais vous savez, monsieur Oliver, j'ai beaucoup de travail…

Sans nul doute, il a beaucoup de travail. Mais combien de dossiers aussi graves que celui de la disparition brutale d'une mineure instruit-il ? Et puis, du travail, on est des millions à en avoir.

Moi aussi, heureusement. Sillonner la France de séminaire en séminaire me distrait un peu, m'occupe beaucoup. Les jours s'écoulent de trajets en colloques. Je ne t'oublie pas, Cécile, jamais. Quand je travaille, cependant, la douleur de ton absence s'atténue un peu. Je la retrouve, le soir venu, quand je m'étends sur le lit de chambres d'hôtel anonymes, et plus encore chez nous, à Mathan.

C'est bizarre la douleur. Tantôt elle me cloue au sol, tantôt elle m'effleure à peine, avant de planter à nouveau ses griffes dans mon ventre. Je la tiens à distance le plus possible. Maintenant, je parviens même à retenir mes larmes. Il faut travailler, mais aussi aller de l'avant, multiplier les démarches pour te retrouver.

Ce juge manque d'idées. Et les gendarmes peinent à trouver de nouvelles pistes. Il faut que nous, tes parents, tes amis, les aidions un peu. Nous avons donc créé une association qui porte ton nom. L'Association Cécile. Ça sonne bien, n'est-ce pas ? Kamel, ce jeune homme qui t'a appelée vers 14 heures, le dimanche de ta disparition, en est devenu le président et l'un des membres les plus actifs. Il a l'amitié de Maryse et toute sa confiance. Ni elle ni moi ne savons encore que les gendarmes l'ont soupçonné, un temps, d'être pour quelque chose dans ta disparition. Il est vrai qu'ils ont soupçonné beaucoup d'individus, c'est leur travail – et c'est leur travail, aussi, de disculper un à un les suspects quand ils sont mis hors de cause.

13 juin 1998. Je ne voulais pas qu'une année s'écoule avant que tu sois retrouvée. Eh bien, c'est fait. Sinistre anniversaire. Les gendarmes te cherchent toujours. Ils recueillent les témoignages de personnes t'ayant aperçue ici où là, à Vire dans le Calvados, au Grau-du-Roi en Camargue, à Firminy dans la Loire, aux Sables-d'Olonne en Vendée. Certains affirment que tu es serveuse dans un bar, d'autres que tu faisais du stop. Chacune de ces pistes est méthodiquement vérifiée – convocations, auditions, l'espoir demeure quelques jours, jusqu'à ce que l'on découvre qu'il ne s'agissait pas de toi.

Un médecin breton a reçu une jeune patiente portant sous le sein une cicatrice. Toi, Cécile ? Non. La marque ne correspondait à la tienne ni en taille ni en volume. Tu n'étais donc pas dans le cabinet de ce praticien. Tu n'es pas non plus au sein de la communauté chrétienne Le Pain de vie, où un SDF a cru te rencontrer.

Radiesthésistes et autres parapsychologues continuent de se manifester. Le juge a décidé de ne plus vérifier leurs déclarations et l'a notifié assez sèchement à Maryse. Le document est classé à la cote D282. Pour lui, « le travail d'enquête ne peut s'accomplir que sur la base d'indices et éléments tangibles et précis ».

Ta mère ne s'est pas découragée. Elle persiste à lui envoyer régulièrement des demandes d'actes. Il me semble, quant à moi, vivre deux vies. Celle au cours de laquelle je participe à ta recherche, distribuant des affiches avec des petits groupes d'amis ou en assistant aux réunions de l'association. Et l'autre, celle de mon travail, de mes amis, de ma famille, de mon jardin et des anniversaires qui se succèdent, sans que jamais je t'oublie.

Il y a un an que tu as disparu, Cécile. Les épreuves du bac auront bientôt lieu, comme l'an dernier. Les lycéens de terminale révisent avec acharnement. Certains de tes amis, eux, achèvent leur première année de faculté. Quelques-uns se sont mis en ménage et discutent du prénom de leur premier enfant. D'autres continuent à faire de l'escalade, sur les sites que tu aimais. Chloé et Matthew ont un an de plus, vingt-quatre et vingt-deux. On perçoit dans le regard de Maryse les marques de son chagrin. À Mathan, Jack et Mireille t'attendent toujours.

Où as-tu passé cette année, Cécile ? À quoi ressembles-tu aujourd'hui, silhouette plus mince, cheveux plus longs ? As-tu changé ta manière de t'habiller ? Es-tu moins nature, plus coquette ? Quoi qu'il en soit, cette journée du 13 juin 1998 t'est dédiée. Des quatre coins de la France, et même d'Angleterre, ta famille et tes amis ont gagné Saint-Jean-de-Maurienne. Ils se rassemblent dans la cour de ton lycée. Pour l'occasion, une grande affiche portant ton visage a été réalisée. C'est donc sous ton regard que nous distribuons des badges à ton image.

Une dizaine de tes camarades se sont regroupés pour composer une mosaïque symbolisant la forte amitié qui vous lie toujours, par-delà ton absence. Parmi eux, Sandrine, cette jeune fille à qui tu as téléphoné avant de sortir, le jour de ta disparition. Tu lui as raconté le dîner avec Sébastien, Benoît, Mathias et Karim, les baisers échangés dans la cuisine avec Sébastien, puis sa visite chez toi, le dimanche après-midi, et vos étreintes restées tout de même très sages. Tu lui as expliqué, aussi, que tu t'en voulais d'avoir trompé Jérémie. Tu as ajouté que tu ne savais pas très bien comment tu allais te sortir de tout ça et que tu avais envie de te suicider, mais que tu ne savais pas comment t'y prendre. Sandrine a assuré aux gendarmes que tu plaisantais. Aujourd'hui, elle en est toujours certaine. Le suicide n'était ni dans ton caractère ni dans tes véritables intentions. Personne, d'ailleurs, ne souscrit à cette thèse, ni la famille, ni les amis, ni les enquêteurs.

Retour au lycée. Un groupe de rock formé de jeunes lycéens se met en place. Bientôt, ils joueront pour toi, pour nous. Des photos de toi, seule ou avec tes proches, circulent de main en main. Cheveux courts ou longs, visage souriant ou sérieux, regard pensif ou joyeux, tu es toujours aussi jolie – comme tu l'es dans cette vidéo tournée lorsque tu étais en classe de seconde et dans laquelle tu joues le rôle d'une journaliste de télévision.

À l'aide de morceaux de charbon pour barbecue et d'un fer à marquer fabriqué par Georges, l'un de mes amis de Pierrefitte-en-Cinglais, en Normandie, j'ai gravé ta signature sur de petites plaques en bois récupérées à Mathan. Je les distribue. Et je salue, sans les voir, certains de tes amis. Je croise Jérémie. Qu'il a l'air jeune, ce garçon ! Depuis ta disparition, qu'est-il devenu ? A-t-il une autre petite amie ? Je ne songe même pas à le lui demander. Je ne pense qu'à toi. Ton souvenir plane autour de nous tous, présence diaphane et lumineuse. Combien de fois, Cécile, as-tu traversé la cour de ce lycée, cette cour où nous sommes réunis ? Combien de fous rires et de confidences as-tu partagés, ici, avec tes amis ? Combien de rêves leur as-tu confiés ? Ce sont eux, aujourd'hui, qui parlent de toi.

Le soir tombe. Cette journée est presque terminée. Nous avons écouté Kamel parler de l'association, avant de répondre aux questions des journalistes présents. C'est à mon tour de prendre la parole. Je le fais avec émotion, tendresse, souffrance et espoir. Ensuite, nous nous recueillons tous durant quelques minutes, en silence. Puis, l'un après l'autre, tes amis viennent signer le livre d'or mis à leur disposition. « Cécile, on était tous là aujourd'hui, tu seras bientôt avec nous », écrit l'un d'eux. Si seulement il pouvait dire vrai.

8

Je n'aurais jamais cru que cela puisse m'arriver. J'étais un homme comme tant d'autres, qui vivait une existence peuplée des mille choses du quotidien. Un travail intéressant, des déplacements dans toute la France, une maison toujours remplie d'amis, quelques fêtes, de bonnes choses à boire et à manger, une relation très forte avec mon amie Stéphanie, trois grands enfants que j'aimais beaucoup, des vacances en Angleterre, tes visites, tes petits mots tendres, le temps que nous passions ensemble, les livres, les arbres en fleurs, le jardin.

Et puis tu as disparu. Et j'ai emprunté le chemin imposé à toutes les familles des victimes. Je ne me plains pas. Mais je dois te dire, tout de même, que ce chemin-là ressemble à un chemin de croix. Je ne connais pas une angoisse plus profonde pour un parent que de subir la disparition de son enfant. Au tout début, il y a le désespoir, la colère, l'incompréhension. Viennent ensuite les questions. Que faire ? Qui appeler ? Faut-il attendre ou pas, faire le siège des enquêteurs et des juges, les laisser se manifester ? Comment chercher ? Où ?

Dans mon désarroi, j'ai pu compter sur l'aide de mes amis et de ma famille. L'institution judiciaire n'a pas vocation à guider ou épauler les personnes dans ma situation, je ne l'exige d'ailleurs pas. Mais les familles des victimes sont seules, Cécile. Et elles doivent faire face à des sentiments puissants, qu'elles ont parfois du mal à maîtriser.

Au début, j'étais en colère, à cause de toute la souffrance, de toute l'angoisse que, peut-être, tu as éprouvées et que tu éprouves peut-être encore. Il m'a fallu apprendre à maîtriser ce sentiment. Je l'ai fait difficilement. J'ai pu, alors, mettre en œuvre des stratégies pour ne pas laisser passer la plus petite chance de te retrouver. À mon sens, il suffisait pour cela de mettre la main sur un témoin, un seul, le bon, qui se décide enfin à parler. Ce témoin, ni les enquêteurs ni le juge ne parvenaient à le débusquer. Je me suis donc décidé, moi, un homme comme tant d'autres, à répondre à toutes les sollicitations des médias – et même à les devancer.

Les gens de presse, écrite ou télévisée, sont parfois capricieux. Ils peuvent rester indifférents quand ils devraient s'émouvoir, faire leurs gros titres d'un rien, bouder longtemps, venir enfin.

Au départ, ta disparition n'a pas été très médiatisée. Deux ou trois petits articles, un reportage de France 3 Régions, et les journalistes sont passés à autre chose. Un an plus tard, tu les intéressais davantage. Une fugue, d'ordinaire, ce n'est pas si long. Or on ne t'avait pas retrouvée, on n'avait même pas la plus petite piste, l'affaire se teintait de mystère.

Il y avait donc des journalistes, ce 13 juin 1998, dans la cour de ton lycée. *Le Dauphiné libéré* avait envoyé quelqu'un. *Le Parisien* aussi. Sans oublier les reporters de France 3 Régions, caméra à l'épaule, perche tendue vers nos déclarations. Ils nous ont filmés longtemps, avant d'interviewer de très nombreuses personnes. Tout cela pour un reportage d'une minute cinquante, à l'issue duquel, chemise blanche et visage bouleversé, je lance, face caméra :

— Il y a forcément quelqu'un qui sait ce qui est arrivé à Cécile. Je lui demande de le dire, maintenant. On ne peut plus supporter cette absence. On ne peut plus supporter cette attente.

Quitte à passer à la télévision, j'aurais préféré que ce soit dans d'autres circonstances. Mais j'espérais, de tout mon être, que mes mots soient utiles à quelque chose. Hélas, tel n'a pas été le cas. Personne ne s'est manifesté. Et les journalistes, eux, sont passés à autre chose. Une fois de plus.

Internet, à cette époque, n'était pas omniprésent. Sans quoi, peut-être, les choses auraient été différentes. Internet est une vitrine sur le monde, il est aisé d'y faire défiler les visages et les appels au secours. Ta photographie, Cécile, serait passée en boucle sur les réseaux sociaux, jour après jour, sans interruption, elle aurait envahi Facebook, se serait envolée dans le monde entier. Autant d'occasions supplémentaires de recueillir le bon témoignage, celui que j'attends aujourd'hui encore. Mais Internet n'en était qu'à ses balbutiements. J'ai donc repris contact avec les médias.

Drôle d'été, si différent de tous ceux que nous avions passés ensemble. Souvent, nous restions en Normandie pendant les vacances scolaires. Chloé et Matthew nous rejoignaient à Mathan, notre grande et belle maison. Fenêtres et portes étaient ouvertes sur le jardin verdoyant. Nous nous levions tôt, déjeunions sur le pouce et partions en balade.

Souvent, je vous emmenais au centre équestre de Flers-de-l'Orne, tenu par un jeune couple sympathique. Un grand terrain, un manège au sol fait de lanières de cuir noir très souples, des chevaux superbes, tout vous ravissait. Caresser, brosser, étriller, seller, vous ne rechigniez à rien, la récompense était le manège, puis la promenade. Cela a duré cinq bonnes années. Tu montais fièrement, dos bien droit, jambes collées à ton cheval, trot, galop et même saut d'obstacles, tout t'amusait. Ce centre équestre est à quelques kilomètres de chez moi. Je n'y suis jamais retourné. D'autres enfants caressent les bêtes que tu as aimées.

Il y avait la Normandie et les chevaux. Il y avait, parfois, la Bretagne et la côte atlantique. Tes grands-parents maternels y louaient une petite maison au mois d'août. C'est moi qui venais t'y rejoindre. Nous allions pêcher des coquillages.

Il y avait aussi, bien sûr, l'Angleterre. Nous séjournions avec Chloé et Matthew chez l'un ou l'autre des membres de ma famille, à Londres, où vous étiez heureux de retrouver vos cousins. Vous alliez promener les deux chiens, Suma et Jaffa, un labrador et un teckel des plus affectueux. À Sudbury dans le Suffolk, à Broadstairs dans le Kent ou à Bath dans le Somerset, nous allions au tennis ou à la piscine : je faisais le requin, vous hurliez de rire. S'il pleuvait, c'était bricolage ou cinéma. Tu as adoré *Maman, j'ai raté l'avion*, avec Macaulay Culkin. Parfois aussi, vous jouiez aux petits chevaux. C'est moi qui avais confectionné le plateau et les pions.

Baked beans (haricots à la sauce tomate) et œufs au petit-déjeuner, scones et muffins au goûter, agneau arrosé de sauce à la menthe : l'espace de quelques semaines, vous mangiez comme de vrais petits Britanniques. Moi, je retrouvais mes racines – elles ne sont pas profondes, en vérité. Mon père, ce grand-père que tu as peu connu, était un juif allemand. Emprisonné à Brême, libéré à la veille de la Seconde Guerre mondiale, il a réussi à gagner l'Angleterre, où il a troqué son prénom, Heinrich, pour celui de Henry. Il a obtenu la nationalité britannique et a tout fait pour oublier. Il y est parvenu, semble-t-il. Son histoire m'a traversé l'esprit quand nous avons, ensemble, visité la maison d'Anne Frank à Amsterdam. Tu te passionnais pour le destin tragique de cette adolescente juive, cachée avec sa famille pendant deux ans dans un grenier pour échapper aux rafles nazies.

C'est le deuxième été sans toi, Cécile. Mathan est vide. Plus d'enfants, peu d'amis, peu de nouvelles de Saint-Jean-de-Maurienne : le temps judiciaire, lui aussi, est suspendu pour les vacances.

Dans ce désert, je reçois un coup de téléphone d'une journaliste de *Libération*, Brigitte Vital-Durand, qui me demande de lui raconter ton histoire. Je le fais à mots précis, m'efforçant de ne rien oublier, tout en allant à l'essentiel. Talentueuse et délicate, elle tire de nos entretiens un très bel article, publié le 22 août 1998. « Cécile, dit-elle, s'est envolée comme dans un nuage de fumée. » Et de rappeler comment tu es partie de chez toi, les mains vides, sans argent ou presque, sans vêtements de rechange, avec ta carte d'identité et une carte bleue dont tu ne t'es jamais servie. Une jeune fille de dix-sept ans et demi, 1,65 mètre, yeux noisette, cheveux châtains, « gaie, tendre, choyée, studieuse, sportive ». « Depuis, dit-elle encore, rien. Ni signe ni message, aucune piste, malgré toutes les recherches. » Un mystère complet, total – hélas, nous ne sommes pas dans un roman policier. Mais un mystère qui, pourtant, intéresse de plus en plus ces médias qui, jusqu'à présent, t'avaient plus ou moins ignorée.

L'émission, diffusée en seconde partie de soirée sur TF1, a pour nom « Sans aucun doute ». Son présentateur, Julien Courbet, s'est donné pour mission de venir en aide aux téléspectateurs confrontés à des soucis juridiques importants. Problèmes administratifs, erreurs médicales, escroqueries, problèmes de garde d'enfant ou de voisinage, il se fait fort de les résoudre, avec l'aide de son équipe.

Au mois de novembre 1998, « Sans aucun doute » sera consacrée aux disparitions, volontaires ou involontaires. Pour la première fois, Cécile, Maryse et moi sommes invités sur un plateau de télévision. Dire que j'en suis heureux serait faux. Mais j'espère que des centaines de milliers de téléspectateurs nous verront et verront aussi ta photo à l'écran.

« Sans aucun doute », donc. Je croyais, naïvement, qu'il me suffirait de me présenter à l'heure et à la date convenue, de m'installer au côté de ta mère, face à Julien Courbet. J'imaginais que nous aurions un entretien de quelques minutes et que c'en serait terminé. Je me trompais. La préparation d'une émission de télévision est une mécanique longue et lourde. Elle nous a longuement mobilisés, ta mère et moi. Maryse a participé au tournage d'un reportage à Saint-Jean-de-Maurienne – j'y reviendrai. Pour ma part, j'ai longuement dialogué avec le journaliste chargé de préparer ma venue en plateau. À cette époque, j'étais encore novice en la matière. J'ai eu du mal, je l'avoue, à encaisser certaines de ses questions. Mais j'ai joué le jeu. Mes réticences ont laissé place à l'acceptation. Je n'ai pas cillé quand il m'a demandé si, à mon avis, je te croyais toujours en vie. Comment peut-on poser pareille question au père d'une enfant disparue ? Je ne sais pas, mais on peut. Beaucoup de téléspectateurs ont dû se poser la même question.

13 novembre. Paris est gris et froid. L'automne en a terminé de faire tomber les feuilles des arbres. Des passants frileux se hâtent sur les trottoirs.

J'ai quitté Mathan très tôt, non sans avoir jeté un œil sur les fleurs que j'ai plantées pour ton anniversaire. Deux heures de train et me voilà dans le taxi auquel j'ai donné l'adresse des studios d'enregistrement. Je serais incapable, aujourd'hui, de me souvenir où ils se trouvaient exactement. Je sais seulement qu'en y pénétrant j'ai été surpris par l'accueil, celui réservé à un hôte de marque.

On me conduit, sourire aux lèvres, à la loge qui m'est réservée et dans laquelle m'attend une collation. On me demande si tout va bien, si je désire quelque chose. Le journaliste avec lequel je me suis entretenu vient me saluer. Dehors, dans le couloir, je devine des va-et-vient fébriles. L'heure du tournage approche, les ordres brefs, les pas claquants, les chuchotements en témoignent. Une jeune femme m'invite à la suivre jusqu'à la pièce réservée au maquillage. Fond de teint et poudre, vite fait, même si, à la lumière des spots, j'ai tout loisir de constater que je n'ai pas vraiment bonne mine. Qu'importe.

Un dédale de couloirs plus loin, me voici sur le plateau – lumières crues, câbles zigzaguant par terre, caméras énormes, table ronde, Maryse est déjà là. Je m'assieds à côté d'elle. Julien Courbet arrive. Et, très vite, il lance le reportage.

Maryse qui monte les marches de l'escalier de son domicile, à Saint-Jean-de-Maurienne. Visage tendu, silhouette mince, elle entre dans son salon, arrive dans ta chambre, Cécile. C'est là que tu vivais, dans cette pièce minuscule, chaleureuse, laissée intacte depuis ta disparition. Sur le lit à la couette défaite, un ours en peluche. Aux murs, l'ange de la chapelle Sixtine, des étagères remplies de livres, quelques posters. Sur le bureau, un fouillis d'objets, stylos, cartouches, calculette, paquet de kleenex ouvert, feuilles de papier. À regarder tout cela, le téléspectateur pourrait croire que tu vas revenir très vite et te remettre à tes révisions, toi qui y tenais si fort. Mais non. Tu ne pousses pas la porte.

Sur l'écran, la chambre disparaît. Nous voilà sur la route départementale où un témoin t'aurait aperçue, ce dimanche 8 juin, vers 18 h 45. Une route banale, sans grâce, en contrebas de laquelle coule une rivière. Maryse marche, elle explique que tu étais là, triste, peut-être même les yeux rougis, et qu'ensuite plus personne ne t'a jamais revue.

Magie de la télévision, des centaines de milliers d'hommes et de femmes partagent ce moment. Parmi eux se trouve peut-être ce témoin qui pourrait nous livrer la clé de ta disparition…

Un instant, encore, quelques secondes, la caméra change de plan. À l'écran, la réunion des membres de l'Association Cécile, puis la distribution des affiches, et ta mère qui explique, la voix brisée, qu'elle a confiance et qu'elle est certaine de te revoir.

Voilà. C'est terminé. L'écran devient noir, puis affiche ta photo. C'est à nous de parler. L'un après l'autre, ta mère et moi saisissons notre chance.

La diffusion de « Sans aucun doute » a marqué un tournant. Son impact a été tel que d'autres journalistes se sont vite manifestés, à commencer par ceux de « Ça se discute », l'émission de Jean-Luc Delarue.

Le 20 janvier 1999, après un second Noël passé sans toi et des fêtes de fin d'années si tristes, Maryse se retrouve de nouveau sur un plateau, face à un animateur pugnace et compréhensif. À ses côtés, un jeune fugueur qui, de longs mois durant, a laissé ses parents sans aucune nouvelle, avant de réapparaître. Une raison d'espérer, Cécile, c'est ce que ta mère a dit, de manière sensible et touchante.

« Sans aucun doute », « Ça se discute »... Tu es entrée dans le carré de ceux à qui on s'intéresse. La suite ne l'a pas démenti, puisque le magazine *Marie Claire* t'a consacré un article et que l'émission « Envoyé spécial », diffusée sur France 2, a évoqué ton cas, au milieu de ceux d'autres enfants disparus. Un peu plus tard, c'est la Rai, chaîne nationale italienne, qui nous a sollicités pour son émission « Chi l'ha visto ? » (Qui l'a vue ?), consacrée aux personnes disparues. La 5 t'a également consacré un documentaire entier, solide, émouvant, intitulé « Même les disparus ont un visage ». Enfin, la célèbre journaliste et réalisatrice Mireille Dumas nous a demandé à ta mère et à moi de participer à son émission « La Vie à l'endroit », sur France 2.

Je l'ai dit, quelques mois après la disparition de la petite Marion Wagon, je me trouvais à Agen pour raison professionnelle. En voyant son visage sur les murs de la ville, j'ai pensé à toi, Cécile. À onze ans, tu étais encore petite ! Tu habitais à Val-de-Reuil, dans l'Eure, avec ta mère et ton beau-père. Je te récupérais un week-end sur deux et la moitié des vacances scolaires. Comme Marion, tu avais un visage rond, de grands yeux malicieux, des lèvres charnues plissées en un sourire joyeux et des cheveux châtain foncé au carré. Comme elle, tu aimais l'école, bavarder et jouer avec tes copines. Aviez-vous les mêmes jeux ? En tout cas, toutes les deux, vous croquiez la vie à pleines dents.

La première fois que j'ai rencontré les parents de Marion Wagon, c'était à l'occasion du tournage de « La Vie à l'endroit ». Là encore, l'ambiance était agréable. Loges spacieuses, chocolats et fleurs, journalistes aux petits soins. Pas plus que moi, M. et Mme Wagon ne goûtaient tout cela. À les regarder, je me suis demandé si, moi aussi, je portais le masque du chagrin. Traits tirés, cernes sombres sous les yeux, lèvres tremblantes – le maquillage n'arrange rien, parfois. Nous nous sommes sans doute salués, nous nous sommes dit quelques banalités. Bonjour, comment allez-vous ? Je suis le papa de Cécile. Nous, les parents de Marion. Il n'y avait rien à ajouter. Nous étions réunis par une affreuse fraternité.

Je les ai écoutés, avec une émotion palpable, raconter leur histoire, si semblable à la mienne. Marion s'est volatilisée comme toi, Cécile. Écharpe nouée sur un manteau sombre, caleçon rouge et noir, elle est sortie de l'école, joyeuse, après quelques glissades sur le toboggan de la cour de récréation. Elle devait rejoindre ses deux frères et sœurs, chez elle. Elle a dévalé la rue Barsalou-Fromenty, c'est le chemin. Elle n'est jamais rentrée chez elle. Alertés, policiers et gendarmes ont ratissé le quartier, les berges de la Garonne, ce fleuve que j'ai vu si rude et si sombre. Ils ont fouillé les hameaux voisins, la campagne, les fermes isolées, les grottes. Deux juges d'instruction ont été désignés, le visage de Marion s'est affiché partout en France. Les radiesthésistes ont appelé les parents comme ils ont appelé ta mère, Cécile. On a aperçu Marion partout, comme on t'a aperçue. Ni l'une ni l'autre n'avez été retrouvées.

L'enregistrement du plateau de « La Vie à l'endroit » a duré des heures, question après question. Mireille Dumas semblait infatigable. Nous avons répondu encore et encore, recommencé jusqu'à l'épuisement. Tout a été envisagé, imaginé. Rien n'a été résolu. Je suis sorti de là très fatigué. Quelques semaines plus tard, hélas, une lettre de la production nous apprenait qu'il fallait tout reprendre : à la veille de la diffusion, ou presque, Yves Conversano, un détective privé, avait retrouvé Julia, une jeune fugueuse partie de chez elle quarante jours plus tôt. Au prix de nouvelles heures d'enregistrement, « La Vie à l'endroit » a fini par être diffusée. On nous a dit, plus tard, que l'émission avait été très regardée. Raison de plus pour croire que je vais enfin savoir ce que tu es devenue.

9

C'était le 15 décembre 1998, peu de temps avant la diffusion de l'émission « La Vie à l'endroit ». Le juge Serge Beugnon nous a fait savoir, à Maryse et à moi, qu'il voulait nous rencontrer à Albertville. Bien sûr, je me suis libéré de mes obligations professionnelles. Ça n'a pas dû être facile et sans doute y ai-je perdu de l'argent. Quant au déplacement, il ne m'a pas été remboursé : la justice n'en a pas l'obligation lorsqu'elle convoque des parties civiles. Peu m'importait. J'étais impatient de voir le magistrat instructeur et, surtout, d'entendre ce qu'il avait à dire. Le compte rendu de notre réunion, à laquelle participait le chef d'escadron R., coordinateur de police judiciaire et gendarmerie de Savoie, en charge de l'enquête, figure à la cote D326. Il ressemble à un constat d'échec.

Serge Beugnon faisait son travail consciencieusement, mais je l'ai senti sans état d'âme. Ce jour-là, il avait en face de lui des parents angoissés, à fleur de peau, qu'il a soigneusement tenus à distance par son ton mesuré et ses propos méthodiques. C'était étrange de l'entendre parler, difficile de le couper, impossible de le contrer. Je l'ai donc écouté.

Pour commencer, il a énuméré, l'une après l'autre, les pistes qui avaient abouti à un cul-de-sac. Tu avais été vue dans un café par une serveuse dans la région de Vire : ce n'était pas toi. Pas toi non plus que des jeunes gens avaient aperçue du côté de Lisieux. Un policier municipal avait signalé ta présence aux Sables-d'Olonne : il avait dû se tromper. Au Puy-en-Velay, un chauffeur routier affirmait avoir pris en stop une adolescente qui te ressemblait : les recherches effectuées n'avaient pas permis de t'identifier formellement. Impossible aussi de dire si tu te trouvais ou non dans la discothèque de Genève où l'on t'avait signalée. Si tel était bien le cas, ce qui est possible après tout, les gendarmes t'avaient ratée. Mais nous n'en serons jamais certains.

Ombres d'une enquête difficile, insupportable doute qui continue de me tarauder, je t'imagine parfois dansant dans une atmosphère enfumée, au milieu de jeunes gens ignorant que l'on te recherche. Tu souris ou pas, Cécile, mais tu as toujours le même regard, attentif, doux et joyeux.

Mais au fait quelle vie mènes-tu, avec qui, où, as-tu de quoi manger ? N'as-tu pas froid ? Je n'ose penser aux souffrances que tu as pu traverser.

Je pense très fort à toi et le magistrat instructeur continue de parler. Je me force à l'écouter. Il évoque à présent le contrôle routier effectué sur deux mille cinq cents véhicules, le 7 juin 1998. Soldé par un échec. Les recherches sur le terrain sont restées vaines, elles aussi. Ton compte bancaire n'a pas bougé. Le contrôle effectué dans une communauté baptisée Le Pain de vie n'a rien donné. Tous tes camarades, proches ou éloignés, ont été entendus sans qu'aucun ait pu apporter ne serait-ce qu'un seul indice à l'enquête. Quant aux retombées de l'émission diffusée sur TF1, elles sont somme toute peu nombreuses. Un magnétiseur, un de plus, s'est mis à notre disposition pour te retrouver. Un témoin affirme qu'il faut te chercher du côté des îles Canaries. Quelques autres affirment t'avoir vue çà et là à Paris, parmi un groupe de jeunes gens qui vendaient des brioches à Grenoble ou à la gare d'Hendaye. Les gendarmes ont pour instruction de vérifier, ils n'y manqueront pas.

Par la suite, d'autres témoignages arriveront. Tous examinés. Aucun d'eux n'est apparu probant, malheureusement.

Retour à la salle 101 du tribunal de grande instance d'Albertville. Le juge Beugnon en vient aux recherches en cours, notamment celles visant à retrouver le van gris métallisé dans lequel tu aurais pu monter, le dimanche de ta disparition. J'avoue n'avoir jamais très bien compris la raison pour laquelle le magistrat s'est persuadé que cette piste était fiable. Quoi qu'il en soit, de nombreuses brigades de gendarmerie sont toujours mobilisées pour tenter de dénicher ce véhicule et son propriétaire. Que de temps perdu et de moyens inutilement déployés… Mais comment faire part de ses doutes à un homme dont le métier, après tout, est de diriger des enquêteurs ?

Face au juge Beugnon, j'écoute poliment. Il parle toujours. Lorsqu'il en a terminé, je comprends qu'un imposant travail a été accompli par une équipe d'enquêteurs compétents et motivés. Mais que rien n'a avancé. Il y a de quoi être découragé. Dix-huit mois d'enquête, des investigations tous azimuts et pas l'ombre d'une piste.

Pourtant, je ne me laisse pas abattre. Les journalistes commencent à affluer, on a parlé de toi à la télévision. Pour avancer, me dis-je, il faut poursuivre dans cette voie, mais aussi travailler avec l'association. À cette époque, elle est forte d'une trentaine de membres, connaissances ou amis pour la plupart. À Saint-Jean-de-Maurienne, Mme Monique Berger, ton ancien professeur d'éducation physique, en est l'âme au côté de Maryse. Je m'occupe de ma famille en Angleterre et de ton ancien entourage de Normandie. Chloé, ta sœur, est quant à elle extrêmement active en région parisienne.

Ma fille aînée a toujours été chère à mon cœur, comme Matthew, comme toi, Cécile. Seulement voilà, Chloé, je ne l'ai pas élevée longtemps. Elle n'avait que deux ans et demi quand j'ai quitté sa mère. Je ne l'ai revue, ensuite, qu'un week-end sur deux. Je ne faisais aucune différence entre vous. Mais Chloé, malgré tout, a imaginé que je te préférais. J'ai retrouvé dans le dossier, à la cote D540, la déposition qu'elle a faite au juge Beugnon. Elle explique qu'elle avait l'impression que je t'« élevais sur un piédestal ». Elle a tiqué, aussi, quand je me suis fait tatouer ta signature sur la face intérieure de mon poignet. Je veux lui dire ici, encore une fois, que j'aime tous mes enfants, sans en privilégier aucun. Et aussi qu'elle s'est toujours comportée comme une vraie sœur aînée.

De ton côté, tu avais pour elle des sentiments d'amour et d'affection, et tu ne manquais pas une occasion de les lui manifester. En mai 1997, pour son anniversaire, tu lui as envoyé un cadeau auquel était joint un petit mot :

« Ma chère grande sœur, je te souhaite un très joyeux anniversaire. Oui, je suis un peu en retard… peut-être est-ce génétique ? En tout cas, j'espère que ce plat te plaira et surtout qu'il te sera utile. Je t'embrasse très fort et j'espère à très bientôt. Si je ne te vois pas avant, je te souhaite de bien te régaler au Sénégal.

Cécile.

PS : c'est sûr, cet été, je bosse en tant qu'animatrice pendant trois semaines dans le Lot. Génial. »

C'est le dernier signe de vie que Chloé a reçu de toi. Au passage, je note que tu devais, l'été de ta disparition, travailler en tant qu'animatrice. Avec qui et où ? Tu ne me l'as pas dit. Quoi qu'il en soit, Chloé a noté le caractère particulièrement affectueux de ton message. J'y retrouve, surtout, ta joie de vivre et ta tendresse pour les gens qui t'entouraient. À mes yeux, il ne laisse en rien présager ce qui a suivi et ce que nous vivons toujours. Mais une chose est certaine, c'est que Chloé s'en est voulu et s'en voudra toujours de ne pas s'être trouvée chez elle quand, le dimanche de ta disparition, tu as cherché à la joindre sur son téléphone fixe (à cette époque, moins d'une personne sur dix possédait un téléphone mobile). Depuis le début, cette absence est pour elle une raison supplémentaire de se battre pour te retrouver. Elle est certaine que tu es toujours vivante, certitude qui lui donne des ailes et la pousse à remuer ciel et terre pour te localiser. Elle a donc été parmi les premiers à se mobiliser pour toutes sortes d'actions, du collage et de l'envoi d'affiches aux réunions de l'association qui porte ton nom.

Ces réunions, où qu'elles aient eu lieu cette année-là, étaient toujours très animées et brassaient d'innombrables idées et projets. Une manière, je pense, de rester utiles et actifs. Faire des choses pour toi nous galvanisait. Nous faisions le point de l'enquête, nous évoquions ces radiesthésistes qui continuaient de se manifester et de te voir à différents endroits. Nous avons aussi décidé, pêle-mêle, de lancer des recherches en Espagne et en Italie, pays où l'on t'aurait aperçue, de coller les affiches sur nos lieux de déplacement, sur le pare-brise arrière de nos véhicules, de les placarder en plus grand nombre encore dans les grandes surfaces ou dans les relais d'autoroutes, les salles de concert, les gares, mais aussi, autant que possible, à l'étranger. J'ai proposé d'élaborer une gigantesque chaîne de solidarité par courrier, avec photos, et de contacter un maximum d'associations humanitaires, de la Croix-Rouge aux organismes d'action sociale, en passant par les auberges de jeunesse et l'Armée du Salut. Un site internet a été créé, un dossier de presse réalisé, et nous avons décidé de nous rapprocher des associations d'aide aux parents d'enfants disparus. Parmi elles, La Mouette, active après la disparition de Marion Wagon ; Missing Children, en Angleterre ; mais aussi et surtout l'APEV (Aide aux parents d'enfants victimes), fondée par les très dynamiques Alain et Marie-José Boulay.

Tu avais neuf ans, Cécile, quand le malheur les a frappés. C'était le 27 août 1988. Leur fille Delphine participait à un camp de scouts à Villerville, dans le Calvados. Au matin, on ne l'a pas retrouvée dans la tente qu'elle partageait avec son amie Marlène. Le sinistre scénario qui suit les disparitions d'enfants s'est rapidement mis en place. Gendarmes et pompiers ont ratissé les environs, un hélicoptère a survolé la région, Alain Boulay lui-même a parcouru des dizaines de kilomètres à bord d'une voiture, appelant désespérément sa fille à l'aide d'un mégaphone. Des milliers d'affichettes ont été placardées dans les magasins. En vain. Dix jours plus tard, le 6 septembre, un chercheur de champignons a découvert le corps presque entièrement carbonisé de Delphine dans un fourré du bois des Houx, au sortir du hameau de Saint-Pierre-du-Val, à une vingtaine de kilomètres de Villerville. Il a fallu deux années supplémentaires pour que son assassin soit retrouvé.

L'APEV est née en 1991 de ce drame. Elle s'efforçait à l'époque – et s'efforce aujourd'hui encore – de faire prendre conscience aux pouvoirs publics, aux enquêteurs et aux magistrats des difficultés auxquelles les familles se trouvent confrontées. Elle diffuse aussi, largement, la photo de certains enfants disparus. Tu les as rejoints, Cécile. Le cliché de toi que j'ai pris lors de nos vacances en Bretagne est sur leur affiche, aux côtés d'Angélique, treize ans, de Jérôme, dix ans, de Marion, dix ans, de Yannis, trois ans, d'Aurore, quatorze ans, de Tatiana, dix-sept ans, d'Élisabeth, douze ans, et de Joffrey, dix ans. Tu souris au milieu d'eux, rayonnante, et cela me fend le cœur. Mais au moins tu es en bonne place. L'affiche est très largement diffusée, une chance supplémentaire de savoir, enfin, ce que tu es devenue.

C'est ainsi, Cécile, entre émissions de télévision, articles de presse, actions solidaires, que s'est écoulée cette année 1999. Au cours des douze derniers mois, je suis passé de l'espoir à la déception, de l'enthousiasme à la crainte. Ce que je redoutais est arrivé. Les heures sont devenues des jours, les jours des semaines, les semaines des mois, les mois des années. Tu as vingt ans, l'âge de tous les possibles. Si tu n'avais pas disparu, tu serais prête, bientôt, à entrer dans la vie professionnelle. Tu aurais fait un excellent professeur de sport, j'en suis certain. Tu te serais montrée, avec tes élèves, joyeuse et enthousiaste, pugnace et volontaire. Tu leur aurais donné l'amour de l'effort physique et de ces montagnes sur lesquelles tu aimais tant pratiquer l'escalade.

Mais tes vingt ans n'ont pas été fêtés. À Saint-Jean-de-Maurienne, ton frère et ta sœur grandissent sans toi. Maryse vit dans ton souvenir. À Paris, Chloé se morfond. Moi, je vis comme je peux, je travaille beaucoup, je cours les routes, j'anime des séminaires. Je viens de commencer une formation longue de PNL (programmation neurolinguistique). C'est une technique de communication et de transformation de soi qui s'intéresse à nos réactions, plutôt qu'aux origines de nos comportements. Voilà qui me convient. Ce qui me convient aussi, c'est qu'elle privilégie le comment sur le pourquoi et propose une grille d'observations pour améliorer la perception que nous avons de nous-même et des autres, permettant ainsi de se fixer des objectifs et de les réaliser. Les séances avec un groupe sympathique et bien soudé me font le plus grand bien.

31 décembre 1999. Dernières minutes avant l'an 2000. Cette nouvelle année permettra-t-elle, enfin, de savoir ce qui t'est arrivé ? Les gendarmes sont toujours à la recherche du van gris dans lequel tu aurais pu monter. Ils explorent également de nouvelles pistes : on t'aurait vue à divers endroits, faisant du stop sur la route, dans les tribunes du stade de Grenoble, porte de la Chapelle à Paris, à la gare d'Hendaye, à Nancy, à Marseille... et même dans un orphelinat au sud de Mostar, en Bosnie-Herzégovine.

Mais ils s'intéressent, aussi, à l'état d'avancement des travaux de l'autoroute de Maurienne au moment de ta disparition. D'importants mouvements de terre ont été réalisés ou étaient en cours de réalisation en juin 1997. S'il t'était arrivé malheur, aurait-on pu en profiter pour cacher ton corps ? Je ne veux pas y croire. Pourtant, j'en suis conscient, ils doivent tenter de le vérifier. C'est un travail de longue haleine, une fois encore, puisqu'ils doivent retrouver tous ceux – ouvriers, contremaîtres, ingénieurs – qui se trouvaient là et vérifier leurs emplois du temps. Ils ont entrepris, aussi, de faire la liste des véhicules ayant passé le tunnel du Fréjus le 8 juin 1997.

Ils travaillent donc toujours d'arrache-pied, même si j'ai conscience que, plus le temps passe, plus leurs investigations se compliquent. L'émission « La Vie à l'endroit » doit être diffusée le 7 février 2000. Amènera-t-elle une nouvelle brassée de témoignages ? Je l'espère. L'espoir reste intact…

Je passe ce réveillon chez des voisins. Ils ont, pour l'occasion, organisé une grande fête. Des fêtes, combien y en a-t-il eu à Mathan ! Je me souviens de l'une d'elles en particulier. Tu pouvais avoir deux ou trois ans. Nous avions organisé une soirée déguisée et étions tous maquillés de couleurs très vives, rouge, noir, orange, bleu. Nos traits avaient pris mille couleurs, encore accentuées par les lumières – ou la pénombre. C'était très beau, on nous reconnaissait à peine. Le lendemain soir, quelques heures après t'être couchée, tu t'es relevée et tu es allée t'asseoir sur les marches de l'escalier. De là, tu nous regardais dîner à travers la porte vitrée de la cuisine, sans dire un mot. À partir de ce soir-là et pendant longtemps, toi qui exigeais de dormir dans le noir total, tu as réclamé de la lumière dans ta chambre. Nous t'avions fait peur,

Cécile. Nos visages maquillés à outrance avaient dû te troubler. Aucune de nos explications n'a pu te rassurer. Nous avais-tu pris pour des monstres ? Et les monstres de cette nuit-là t'ont-ils rattrapée ?

Il est presque minuit. Dans la maison de mes voisins, on rit, on mange, on boit, on s'amuse. L'atmosphère est légère, conviviale. Je devrais me sentir bien. Mais le foie gras, la dinde, les marrons, les fromages et la bûche ont fait monter en moi une sorte de nausée. Je suis sorti un instant prendre l'air. La lune était voilée, je n'y ai pas vu ton visage, Cécile. Les arbres portaient des cristaux de givre, l'herbe était craquante sous mes pas, une bise glacée m'a fait frissonner. Je suis rentré chez moi pour m'isoler avant les douze coups de minuit. Quand ils ont sonné, je me suis dit : bon débarras. 1999, c'était encore une année sans nouvelles de toi.

Ce n'est qu'à 3 heures du matin, en cette année 2000, que j'ai rejoint les autres et que j'ai pris part, moi aussi, à la fête.

10

Il s'appelle Yves Conversano et il est détective privé. Un métier insolite, apparu au XIXe siècle quand Eugène-François Vidocq, ancien bagnard promu chef de la police de la Sûreté, a ouvert, rue Neuve-Sainte-Eustache à Paris, le Bureau des renseignements universels. Vidocq, depuis, est devenu une légende. Quant à la profession, elle a fait du chemin. Conflits familiaux, constatations liées aux problèmes de couple, litiges professionnels ou financiers, lutte contre la fuite d'informations… Le champ d'action des « privés » est vaste. S'y ajoute, parfois, la recherche de personnes disparues.

Sur le plateau de « La Vie à l'endroit », répondant aux questions de Mireille Dumas, Yves Conversano a expliqué comment il avait retrouvé Julia, jeune fugueuse que les policiers recherchaient en vain. Tu imagines, Cécile, avec quelle attention je l'ai écouté. À la fin de l'enregistrement, ta mère et moi avons fait plus ample connaissance avec cet homme ouvert, affable, d'un professionnalisme à toute épreuve. Il nous a confié qu'il avait été touché par notre témoignage et, surtout, par ta disparition. Il s'est proposé de nous aider. « Bien sûr, avons-nous répondu, ce serait formidable. » Mais nous ne lui avons pas caché que nos moyens financiers étaient limités. Ça n'a pas eu l'air de le contrarier.

Maryse a donc pris date avec lui. Yves Conversano va remettre à plat le dossier et chercher de nouvelles pistes. Son regard, différent de celui des gendarmes, permettra, nous l'espérons, d'avancer.

L'année 2000 a donc commencé par cette bonne nouvelle. La seconde, c'est que la société d'affichage Dauphin mettra treize mille de ses panneaux à la disposition de l'APEV, au mois de mai, plus d'une semaine durant. L'affiche sera placardée aux quatre coins de la France. On te verra de la Normandie à la Bretagne, du Sud-Ouest à l'Alsace – et en Savoie, bien sûr. Il y aura des retombées médiatiques, les journalistes feront de nouveaux articles, Maryse et moi serons peut-être invités dans de nouvelles émissions de télévision ou de radio. Peut-être que quelqu'un, enfin, se manifestera et dira ce qui t'est arrivé. Je l'espère profondément.

Il faut bien cela pour me tenir debout et me permettre de continuer ma vie, décidément fracturée en deux. D'un côté, mon travail, mes amis, mes deux autres enfants. De l'autre, ma quête de toi, Cécile. Ces deux mondes ne sont pas étanches. Il suffit même d'un rien pour que tu apparaisses, souvenir fugace ou prégnant. J'ai retrouvé dans un tiroir l'un de tes cadeaux d'anniversaire, un bristol sur lequel tu avais écrit les noms et les numéros des départements. Tu as surligné le Calvados, la Savoie et Paris, les trois endroits où tu avais des attaches familiales fortes. Le bristol est toujours avec moi dans ma voiture, je le regarde souvent.

Il y a bien longtemps que je n'ai pas mangé dans un fast-food, mais je pense souvent aux déjeuners joyeux que nous faisions quand nous allions à Paris, avec Chloé et Matthew. C'était le week-end, un petit tour sur les Champs-Élysées, avant ce restaurant Burger King où le rez-de-chaussée était aménagé pour les enfants, avec des tables intégrées dans des bus en résine. Vous mangiez des hamburgers et des frites que vous preniez avec les doigts – c'est forcément meilleur –, vous terminiez par des glaces crémeuses, vanille, chocolat, vos parfums préférés. C'était simple, peu onéreux et fort peu diététique. Vous étiez heureux et cela me mettait en joie, moi aussi. Chaque fois que je vois un Burger King, je repense à ces moments joyeux passés ensemble.

Et puis, l'autre jour, alors que j'étais en province pour un séminaire, ma chambre d'hôtel a été « visitée ». On m'a volé mon ordinateur, mais surtout un couteau Laguiole que tu m'avais offert. J'en ai été bouleversé, bien plus que par la perte de mon outil de travail. Il me manque, ce couteau. Je le transportais partout avec moi. Chaque fois que je m'en servais, je pensais au moment où tu me l'avais donné.

Nouveau siècle ou pas, tu es toujours aussi présente. Bien sûr, ton visage ne change plus pour moi. Tu as, depuis quatre ans bientôt, le même sourire, la même coupe de cheveux, la même expression heureuse. C'est bizarre de te voir ainsi depuis si longtemps, quand Chloé a mûri. Elle est infirmière maintenant, et Matthew a vingt-quatre ans. Cela crée une sorte de distorsion, tout comme ce monde qui continue de tourner sans toi. Le franc a laissé place à l'euro, un café coûte désormais l'équivalent de sept francs, alors qu'il en coutait cinq. La guerre fait rage en Tchétchénie. *La Vie rêvée des anges*, film d'Erik Zonka, a remporté trois césars. J'ai aimé les aventures de ses deux héroïnes. Elles n'ont pourtant pas grand-chose de commun avec toi.

Où es-tu, Cécile ? Utilises-tu notre nouvelle monnaie européenne ? As-tu été horrifiée par la pollution provoquée par le naufrage du pétrolier *Erika*, au large de Penmarc'h, déversant sur les côtes bretonnes quelque 37 000 tonnes de fioul ? As-tu vu cette *Vie rêvée des anges*, dont le titre t'aurait sûrement plu ? Je n'en sais rien. Je n'imagine même rien.

Certains journalistes me demandent, sans grande délicatesse, si je te crois encore vivante. Je refuse de répondre à cette question. Une seule chose m'importe : découvrir ce qui s'est passé. Il sera toujours temps, ensuite, de faire mon deuil ou d'éclater de joie. Je veux savoir, Cécile. Je suis comme un mathématicien devant l'équation insoluble, que je tourne et que je retourne en tous sens pour tenter de la résoudre. Je n'y parviens pas. Personne n'y parvient. C'est terriblement frustrant. C'est tout de même incroyable qu'une jeune fille de dix-sept ans et demi puisse disparaître ainsi sans laisser la plus petite trace. Et j'ai beau réfléchir, j'en reviens toujours au même point. Il y a forcément quelqu'un qui a vu quelque chose, quelqu'un qui sait quelque chose. Il faut le traquer, jusqu'à ce qu'il se dévoile. Je ne baisserai pas les bras avant que ce soit fait.

Alors je continue, autant que je peux. Maryse s'occupe du côté judiciaire, elle est en rapport avec les enquêteurs, le juge et l'avocat qu'elle a choisi, Me Verron, de Chambéry. Je ne le connais pas. Je sais seulement qu'il a déposé quelques notes pour demander des investigations supplémentaires. Il doit donc consulter le dossier régulièrement, se tenir au courant. Je le laisse faire.

Pour ce qui me concerne, je participe aux réunions de l'Association Cécile. Ses membres sont toujours motivés et actifs, même si, avec le temps, leurs rangs se sont clairsemés. Nous allons toujours placarder des affiches un peu partout. Nous avons aussi eu l'idée de faire confectionner un petit macaron à ton image, plus simple à distribuer.

Je suis toujours contacté par des journalistes. Chaque fois qu'on me le demande, je réponds aux interviews. À ce jour, j'ai répété ton histoire tant de fois que je ne les compte plus. Et toujours, il faut repartir du début.

Bonne nouvelle : en avril, j'irai à Montréal pour rencontrer Patrick Bergeron, membre fondateur de Missing Children. Cette association, créée il y a dix ans et sponsorisée par des entreprises privées, entretient avec la police et la justice une véritable dynamique de recherche des enfants disparus. Elle compte huit salariés et deux cent cinquante bénévoles prêts à intervenir à tout moment. Elle travaille au quotidien sur les deux cents cas de fugues et kidnappings enregistrés annuellement au Canada. Grâce à un matériel performant, elle peut réaliser cinq cents posters en dix minutes et les diffuser sous vingt-quatre heures. Et elle organise des événements comme les « 12 heures de l'espoir », une sorte de « radiothon » permettant de collecter des fonds par un système de dons baptisé « Encan en ondes ».

Quand je pense à notre incessante et difficile quête de fonds, au mal que nous avons à nous faire entendre, je trouve cela injuste. Il nous faut de l'argent pour imprimer des affiches, les envoyer, régler les notes de téléphone, nous déplacer en train ou en voiture. Ce n'est pas facile. Chaque démarche prend du temps, nous n'avons aucune subvention. Pourquoi ? Eh bien, parce que l'Association Cécile, qui ne s'occupe que d'elle, n'est pas reconnue d'utilité publique. Il nous faut donc nous débrouiller par nous-mêmes. Peut-être Patrick Bergeron me donnera-t-il quelques conseils pour avancer ?

Autre chose, Cécile. Quelque chose que tu trouveras sans doute inattendu de ma part. Tu m'as connu fiable, pragmatique. Je n'ai jamais cru ni en Dieu ni au diable, je n'ai jamais fréquenté les églises et je ne suis pas baptisé. Pourtant, je me suis rendu à Paris pour rencontrer une médium. M'en remettre à une femme sensible à des influences ou des phénomènes imperceptibles par les cinq sens, voilà qui peut paraître insensé. Nicole Jean, c'était son nom, avait-elle des « flashes » ? Je n'ai pas cherché à le savoir. Et à dire vrai, je l'ai trouvée plutôt crédible. Chez elle, pas de tentures sombres, encore moins d'atmosphère tamisée éclairée par les flammes de bougies noires. Un intérieur coquet, des meubles fonctionnels et une sorte de certitude, celle d'avoir un don.

Après s'être longuement concentrée, cette femme m'a dit avoir eu une « vision ». Selon elle, ce dimanche 8 juin, tu aurais fait une chute très grave et tu aurais perdu conscience. Puis tu aurais été transportée dans une institution médico-religieuse en Italie du Nord, dans la plaine de Turin, à trente minutes de voiture de Saint-Jean-de-Maurienne. Toujours selon elle, tu serais, aujourd'hui encore, amnésique – ce qui expliquerait que jamais tu n'aies donné signe de vie. J'ai fait le compte rendu de notre rencontre lors d'une réunion de l'Association Cécile, personne n'a rien trouvé à y redire. Bien au contraire, nous avons décidé de demander aux enquêteurs de faire des recherches dans la région où elle t'avait située. Pourquoi pas, après tout. Au point où nous en sommes.

Je misais beaucoup sur cette année 2000. Tant de projets lancés, tant de démarches engagées, tant de pistes à creuser. L'un après l'autre, les mois se sont écoulés, avec leurs cortèges de souvenirs et d'anniversaires. Celui de ta disparition, celui de tes vingt et un ans, nous voilà déjà en décembre et je dois bien reconnaître que l'espoir a lentement fait place au découragement. Yves Conversano enquête, mais sans succès notable. Les gendarmes et le juge en sont au point mort. La campagne d'affichage organisée par la société Dauphin n'a rien donné, même si les stations de radio s'en sont largement fait l'écho avec des émissions spéciales sur RTL et Europe 1, tandis que France 3 Normandie me demandait une interview et que Maryse, de son côté, était sollicitée par CNN. Yvette Roudy, député du Calvados, m'a très aimablement reçu, mais il n'en est rien résulté de vraiment probant. Quant à la SNCF, elle refuse que nous affichions l'avis de recherche dans les gares. Si nous passons outre, il est systématiquement enlevé. De quoi baisser les bras.

Pourtant, je le sais, il faut continuer. Pour me donner du courage, je compte aller passer Noël en Angleterre, auprès de ma famille et de mes amis, autour de l'arbre décoré. Avant de partir, je vais emballer mes cadeaux. Une fois encore, les mains me brûleront et des larmes monteront à mes yeux. Encore un Noël sans toi, Cécile. Tu vas nous manquer.

Ils sont soigneusement rangés les uns à côté des autres. Les plus vieux sont usés jusqu'à la corde. D'autres ont le cuir encore presque neuf. Tous sont remplis de mes notes, tracées d'une écriture nerveuse. Ce sont les agendas des années au cours desquelles je t'ai cherchée.

Pour écrire ce livre, je les ai ouverts l'un après l'autre, j'ai exhumé les dates et les événements qui y étaient notés. Les premiers mois, il y en a énormément. Ils forment un tissu serré souligné pour les choses importantes : rendez-vous avec le juge, distribution d'affiches, réunion de l'Association Cécile, point avec les gendarmes, nouvelle audition, faire le point avec Maryse, journée à Saint-Jean-de-Maurienne, téléphoner à Mme Monique Berger, etc.

Ensuite, les notes se raréfient jusqu'à devenir quasi inexistantes. Symbole d'une enquête qui se délite ? Même si les enquêteurs continuent de chercher le van si cher au cœur du juge Beugnon, même s'ils vérifient une à une les pistes ouvertes par les émissions de télévision ou le placardage d'affiches, l'année 2001 n'indique qu'une date véritablement importante, celle du 19 octobre. Ce jour-là, je me suis rendu au colloque organisé pour les dix ans de l'APEV, au cours duquel je devais faire une intervention.

Les membres de l'association et moi-même avons passé beaucoup de temps à préparer cette manifestation, qui a eu lieu au centre des congrès d'Issy-les-Moulineaux. Nous avions prévu d'y mettre en place un stand, ce qui n'a pas été possible. Mais nous avons distribué des affiches et les macarons avec ta photo. Ensuite, je suis entré dans l'enceinte du bâtiment retrouver les participants. Il y avait des personnalités, Marylise Lebranchu, ministre de la Justice, André Santini, maire de la ville, et Patrick Poivre d'Arvor, grand maître du journal télévisé de TF1. Il y avait aussi quelques avocats, Michèle Bernard-Requin, vice-présidente du tribunal de grande instance de Paris, et Roland Coutanceau, éminent psychiatre. Et surtout des parents d'enfants assassinés ou disparus. Qui étaient-ils ? Avons-nous parlé ? Que nous sommes-nous dit ? Je suis incapable de m'en souvenir. Je sais seulement que le chagrin se lisait sur leurs visages, comme sur le mien, et que nous avions du mal à contenir notre tristesse.

Nous sommes entrés ensemble dans l'immense salle qui nous accueillait et avons pris place autour des tables formant corolles pour écouter les allocutions. Pour ma part, je devais animer une table ronde réunissant Alain Thureau, lieutenant-colonel retraité de la gendarmerie, enquêteur spécialiste de la relation avec les parents ; Me Laurent de Caunes, avocat au barreau de Toulouse, spécialisé dans l'accompagnement judiciaire des victimes ; Roland Coutanceau, président de la Ligue française de santé mentale ; un expert dans le domaine de l'irresponsabilité pénale, le professeur Louis Crocq, médecin général des Armées, professeur honoraire à l'université René-Descartes (Paris V), très impliqué dans le soutien psychologique ; et Carole Damiani, psychologue, connue pour son activité d'accompagnement des associations d'aide aux victimes.

Cette table ronde avait pour thème : « La réalité, quelle justice pour les victimes ? » Cela tombait bien. J'avais des quantités de choses à dire à ce propos. Et je les ai dites, Cécile. Sans colère, mais avec conviction. J'ai parlé de ce parcours du combattant où s'engagent les parents d'enfants disparus, des premiers coups de téléphone à la gendarmerie, de la rencontre avec un juge débordé, de l'attente interminable, de l'angoisse qui vous saisit quand vous réalisez qu'il n'y a personne pour vous informer ou vous conseiller. J'ai ensuite expliqué que la justice pour les victimes suppose une plus grande réactivité de la machine policière, trop lourde et trop lente, mais aussi une écoute et une prise en compte réelles, des moyens décuplés, une efficacité réelle. Et j'ai conclu en soulignant qu'il faut écarter d'une meilleure justice pour les victimes deux sentiments qui n'y ont pas leur place : la haine et la vengeance.

Peut-être aurais-tu été contente de m'entendre, Cécile. Je te devais bien ça.

11

9 janvier 2003. La nuit est presque tombée sur la petite ville de Guermantes. Une fillette marche d'un bon pas sur l'un des trottoirs enneigés. Elle s'appelle Estelle Mouzin, elle a neuf ans. Elle vient tout juste de quitter l'école de Val-Guermantes, où elle est scolarisée, et regagne son domicile. Elle n'y arrivera jamais.

Dès le lendemain 10 janvier, un avis de recherche est diffusé. Sous la photo d'Estelle, on peut lire ces mots : « 9 ans, 1,35 mètre, yeux verts, cheveux longs châtains, doudoune bleu marine, béret bleu marine, salopette en jean, sac à dos. » Fugue ? Enlèvement ? À ce stade, aucune hypothèse n'est privilégiée par la police. Il faudra attendre quatre jours de plus pour que les enquêteurs se lancent dans une opération d'envergure : la ville de Guermantes est bouclée, le temps de perquisitionner trois cent quatre-vingts de ses maisons, de la cave au grenier. La glace d'une dizaine de points d'eau est brisée, afin que des plongeurs puissent les sonder. Les appels émis par les habitants dans la demi-heure de la disparition d'Estelle sont passés au crible. Mais aucune piste ne se dégage de ces investigations. Seule certitude, la fillette est sortie de l'école avec ses camarades. Elle a fait un bout de chemin avec elles. Une boulangère l'a aperçue un peu plus tard, seule, se dirigeant vers son domicile. Il lui restait 435 mètres à faire exactement.

Ensuite ? Plus rien. Le néant. Une enfant qui disparaît, comme évanouie dans un nuage de fumée. Des affiches, partout en France, sur lesquelles elle sourit, un rien gênée. Des journaux qui font leur une sur l'affaire, une enquête relayée minute par minute par les médias. Le désespoir du père d'Estelle, Éric Mouzin, largement médiatisé.

Tu imagines, Cécile, combien j'ai été sensible à ce drame. Et combien, aussi, cette terrible affaire a ravivé ma propre souffrance… Chaque fois que mon regard s'est posé sur l'avis de disparition d'Estelle Mouzin, chaque fois que j'ai entendu prononcer son nom à la télévision ou à la radio, chaque fois que j'ai lu un article la concernant, j'ai pensé à toi – toi qui auras, le 28 octobre prochain, vingt-trois ans.

Vingt-trois ans, Cécile. Tu serais une femme, à présent. Si tu n'avais pas disparu, peut-être même serais-tu déjà mère. On m'a volé la fin de ton adolescence, tes vingt ans, les Noëls et les vacances, toutes les lettres que tu aurais pu m'envoyer, les cadeaux que tu m'aurais faits, la joie de te savoir heureuse, et ces petits-enfants que tu aurais pu me donner. Garçons ou filles, je les aurais regardés grandir, comme je l'ai fait pour toi. Peut-être l'un d'eux aurait-il systématiquement ôté ses chaussettes, comme tu le faisais étant bébé. Je te revois encore, toute petite, tu ne tenais même pas assise, mais tu avais le chic pour amener tes pieds jusqu'à ta main et pour les enlever. Tu souriais ensuite, ravie de ton exploit, et je te les remettais, juste pour le plaisir de te voir recommencer.

J'aurais aimé voir tes enfants, Cécile. Ç'aurait été une manière de tout reprendre à zéro. Les premiers jeux, les premiers pas, le premier vélo, l'apprentissage de la lecture, les histoires que l'on raconte, le soir, assis au bord du lit, le Petit Chaperon rouge, Cendrillon, les Trois Petits Cochons et leurs maisons de paille, de bois et de brique, la joie de jouer le loup, juste un petit moment, pour faire peur pour de faux… Tout cela me manque, même si je ne le dis pas. Tu me manques, Cécile, à chaque instant qui passe. Et je ne m'y habitue pas.

Il fait froid à Mathan en ce début janvier. Le jardin paraît mort, arbres aux branches nues dressées vers un ciel très bas. Il va sans doute neiger. Je suis seul, cela devient une habitude, je pense à toi, comment faire autrement. Dans un peu plus d'un mois, le 24 février, Bernard Tapie te consacrera une partie de son émission « À tort ou à raison ». J'y serai, avec Chloé. Maryse a décidé de se mettre en retrait des médias. Je la comprends. C'est prenant, difficile, cela fait remonter les souvenirs à la surface. Et puis, surtout, il faut tout recommencer à chaque fois, redire les mêmes choses, te décrire, raconter ton enfance, notre séparation, assurer que tout allait bien, passer à ton adolescence, au dernier week-end, celui de ta disparition, émettre des hypothèses ou refuser de le faire.

Il faut, aussi, donner des photos. Je les connais si bien, je les ai sélectionnées mille fois. Il y a celle où tu es à côté de moi, radieuse. Celle où tes cheveux sont longs. Celle prise en Bretagne, qui figure depuis si longtemps sur l'avis de recherche. Celles d'Avignon. Nous avions passé une semaine ensemble là-bas, l'un de mes amis y donnait une grande fête pour son anniversaire. Nous nous étions promenés dans la ville, nous avions visité le palais des Papes, savouré la douceur de l'air. C'était en mars, mais il faisait déjà très beau. Tu avais joué les stars, tu prenais des poses. Le noir et blanc des clichés fait ressortir la rondeur de tes joues et te donne un air mystérieux. Tu étais ravie quand tu as vu les clichés. Ils passent désormais à la télévision, j'en ai le cœur fendu. Mais je les donne tout de même aux journalistes. Il faut qu'on te voie. Qu'on te reconnaisse. Que les choses avancent, enfin.

Bientôt six ans que tu as disparu, Cécile. Six ans, le temps d'une petite enfance, un morceau de vie. C'est si long et si court à la fois. Il me semble parfois que tu as disparu hier, parfois qu'il y a mille ans que je te cherche. Le temps s'est arrêté, il continue pourtant de couler. C'est étrange, je suis figé dans la journée du 9 juin 1997 et je vis en 2003, fractures d'une existence de plus en plus duelle et qui le restera tant que je ne te retrouverai pas.

Mais comment espérer savoir ce qui t'est arrivé, quand l'enquête piétine ? J'ai décidément bien des choses à apprendre en matière de justice. Naïf que j'étais, je croyais qu'un juge d'instruction, une fois nommé, s'occupait d'une affaire sans la lâcher. J'ai compris que tel n'était pas le cas. Serge Beugnon a quitté ses fonctions, laissant derrière lui ton dossier. Il a été remplacé par un certain Philippe Busché. Mais Philippe Busché lui-même quittera son poste dès septembre, il nous l'a fait savoir. C'est donc un juge intérimaire, j'ignorais que cela puisse exister. Qui est le magistrat qui reprendra les rênes ? Avec quels moyens ? Dans quelle direction ? Ton dossier ne risque-t-il pas de rester à jamais enfermé dans une armoire ? Toutes ces interrogations me désolent – même si je tente de me réconforter en pensant que rien n'est perdu, puisque Yves Conversano abat quant à lui un travail de titan.

Ce détective privé est aussi le fondateur et directeur d'une école, l'Institut de formation des agents de recherche. Aidé de certains de ses élèves, il a pris les choses à bras-le-corps. Pour commencer, il a retrouvé plusieurs témoins qui, pour une raison ou une autre, n'avaient pas été entendus par les gendarmes, et il les a interrogés. Il a ensuite récupéré des photos et des vidéos prises ou tournées à Saint-Jean-de-Maurienne le jour de ta disparition, et il les a minutieusement étudiées. Il s'est ensuite rendu dans les campings, hôtels, cabinets médicaux, laboratoires d'analyses médicales de la région et y a présenté ta photo. Il a consulté les mains courantes de la SNCF signalant les incidents survenus dans les gares de Saint-Jean-de-Maurienne et de La Chambre, petite ville voisine de la vallée de la Maurienne. Et il a tenté de mettre en évidence des contradictions dans les dépositions des témoins déjà entendus par les enquêteurs.

De tout cela découle une piste, une seule, mais peut-être la bonne : celle d'une Peugeot 105 immatriculée à Turin et dans laquelle tu aurais pu monter. Les gendarmes vont-ils tenter de vérifier ce qu'il en est ? Je n'en sais rien. Je souhaite seulement que ce qui a été recueilli ne se perde pas dans le néant.

Avril 2003. Le mois de mon anniversaire. Celui des vacances de Pâques, aussi. Ce mois au cours duquel, quand tu étais enfant, tu cherchais les œufs dans le jardin de Mathan. Tu croquais ensuite le chocolat du bout des dents : tu n'as jamais abusé des sucreries, nous n'avions pas de bonbons à la maison. Tu avais déjà quatre ans quand un ami nous en a apporté un paquet et t'en a offert un. Tu lui as demandé ce que c'était. Je revois encore son expression étonnée.

Plus grande, tu es partie vivre avec ta mère et ton beau-père. À cette époque de l'année, nous passions souvent du temps ensemble, en Normandie ou ailleurs. Tu avais quatorze ans quand nous sommes allés à Amsterdam. La ville était belle, nous l'avons arpentée de long en large, à pied, du marché aux fleurs à la maison de Rembrandt, déjeunant sur le pouce d'un morceau de pizza, dînant d'un *rijsttafel*[1] au restaurant. Je l'ai dit, tu t'es montrée très intéressée par la visite de la maison d'Anne Frank. Elle avait ton âge ou presque lorsqu'elle s'y

1. Assortiment de petits plats indonésiens.

est enfermée avec sa famille, pour échapper aux rafles nazies. Elle y a passé vingt-cinq mois, une éternité dont elle a fait le récit émouvant dans son *Journal.* Tu es passée de pièce en pièce, t'attardant dans ce qui a été la chambre de la petite Anne. Quelques affichettes et cartes postales sont encore accrochées aux murs, sa part de rêve. Quelle est la tienne, aujourd'hui, si tu en as encore une ? La mienne, ce sont ces moments où j'espère de tout mon cœur que tout ce que nous faisons, ta mère, moi, les membres de l'association, va déboucher sur quelque chose.

C'est difficile, Cécile, de continuer sans se décourager. Heureusement, quand l'un de nous flanche, quand il se met en retrait, un autre prend le relais.

Chloé, ta sœur, m'époustoufle. Elle a de l'énergie, de l'intelligence, de l'allant. Sur le plateau de Bernard Tapie, elle s'est montrée formidable. Surtout, au cours de cette émission, elle a rencontré un certain Thierry Lezeau, gradé de la gendarmerie, expert en criminalistique, qui a fondé, avec d'autres professionnels, une association baptisée Icare (Information, conseil, analyse, recherche et étude en matière criminelle). Sa présidente, Me Caty Richard, est avocate. Il paraît qu'elle est formidable, pleine d'enthousiasme, et qu'elle a été très touchée par ta disparition. Chloé a décidé de se constituer partie civile et de la prendre pour conseil.

Pour ma part, je me consacre, de toutes mes forces, à préparer la journée consacrée aux enfants disparus qui doit se dérouler à Paris, le 25 mai prochain. La date n'a pas été fixée au hasard. C'est en effet le 25 mai 1979 qu'Etan Patz, six ans, a été enlevé à New York. Etan était un beau petit garçon blond aux yeux très bleus, à l'air doux et malicieux, sa photo en témoigne. Il était heureux chez lui, un rien couvé. Ce jour-là, cependant, ses parents avaient accepté, pour la première fois, qu'il se rende seul à l'arrêt de bus à deux pâtés de maisons de leur domicile. Tu devines ce qui s'est passé, Cécile. Comme Marion, comme Estelle, comme toi, comme tant d'autres enfants, Etan s'est volatilisé. Pour le retrouver, la police a remué ciel et terre. En vain. Les médias s'en sont mêlés. Ce bel enfant a fait la une des journaux. Son visage a été imprimé sur des milliers de briques de lait distribuées dans tout le pays – une première. Malgré toutes les recherches, il n'a jamais été retrouvé, ni vivant ni mort.

Par la suite, le président Ronald Reagan a fait du 25 mai la Journée nationale des enfants disparus aux États-Unis. Quelques années plus tard, en 2002, à l'initiative de l'association Missing Children, d'autres pays, notamment européens, ont été invités à participer, eux aussi, à cette commémoration. Chaque année, le but du 25 mai est de se souvenir des enfants disparus, de prononcer leurs noms, de revoir leurs visages, d'aider leurs proches, mais aussi de promouvoir une réflexion sur les stratégies de prévention et de recherche. Une fleur, le myosotis, a été choisie comme un symbole de cette manifestation. Et pour cause : en anglais, cette fleur s'appelle *forget-me-not*. Ne m'oublie pas…

25 mai 2003. La première journée en mémoire des enfants disparus en France est organisée à l'initiative de la Fondation pour l'enfance et des associations La Mouette, APEV et Manu Association. L'événement, je l'espère, sera largement médiatisé.

Une quinzaine de membres de l'Association Cécile se sont mobilisés pour y participer. Ils sont là, dans le IXe arrondissement de Paris, devant l'église Sainte-Cécile, notre point de ralliement. Pour l'occasion, nous avons revêtu un T-shirt à ton image. Ensemble, nous nous mettons en marche en direction de l'Hôtel de Ville. Rue Poissonnière, rue des Petits-Carreaux, rue Montorgueil, rue Rambuteau, nous traversons le quartier des Halles.

Les passants nous regardent, étonnés. Nous leur parlons de toi. Nous distribuons des macarons. Nous expliquons qu'il y a six ans que nous te cherchons et que nous ne cesserons pas. Nous avançons, groupe soudé de plusieurs personnes dont ta sœur Chloé, tes cousines, ton oncle Philippe, le frère de Maryse et sa famille, Kamel, le président de l'association, sans oublier Stéphanie, ma compagne. Nous empruntons maintenant la rue de Rivoli, l'avenue Victoria. Nous voici tout près du lieu où doit se dérouler notre rassemblement.

Douleur. Colère. Abattement. Révolte. Tels sont les sentiments qui rassemblent les parents des enfants disparus. Ils ont tous connu la même angoisse, la même attente, les mêmes difficultés. Ils ont appris à connaître les policiers ou les gendarmes, les avocats et les magistrats. Ils se sont déplacés des dizaines de fois, ont rencontré des journalistes, sont passés de l'espoir au désespoir, de l'attente à la crainte. Certains, comme le père d'Estelle Mouzin, ont d'abord été soupçonnés injustement, un comble. D'autres se battent depuis des années. Leurs enfants, sur les photos, et sur les photos seulement, n'ont pas grandi. Or Marion est devenue une adolescente. Yannis, un bébé encore quand il a disparu, est désormais un petit garçon. Ton visage, Cécile, est resté le même. Tu as éternellement dix-sept ans et demi. Et ce visage, cette jeunesse, ton sourire, nous les portons bien haut.

Quels souvenirs me reste-t-il aujourd'hui de cette époque ? Peut-être celui d'une rencontre, celle de Marie-Noëlle Bouzet, la mère d'Élisabeth Brichet, douze ans, disparue le 20 décembre 1989 à Saint-Servais, en Belgique. La fillette rentrait chez elle, comme Estelle Mouzin que l'on cherche toujours en vain, comme Marion Wagon qui n'est jamais réapparue. Lorsque sa mère signale sa disparition à la brigade de gendarmerie de Namur, on lui demande de « reprendre contact si l'enfant ne réapparaît pas ». Un avis de recherche ne sera finalement lancé qu'à 23 h 59. Des patrouilles se mettront en marche et l'on entreprendra des fouilles. L'hypothèse d'une fugue n'est pas écartée, celle d'un enlèvement parental est envisagée, la piste criminelle reste d'actualité. Les enquêteurs creusent les trois possibilités. Un homme impliqué dans une affaire de pédophilie, habitant le même quartier que la fillette disparue, est soupçonné, tout comme un ancien ami de sa mère. Des radiesthésistes « voient » Élisabeth un peu partout. Pour les médiums, elle aurait été « enlevée par un réseau ». En juin 1990, une hôtesse de l'air affirme l'avoir aperçue sur un vol Bruxelles-Tenerife. Un proxénète détenu en

Belgique affirme qu'elle « travaille » dans un bordel de Santa Cruz. En novembre 1992, on croit l'avoir localisée à Hong-Kong. Et puis survient l'affaire Dutroux, avec son cortège de dénonciations et de recherches vaines…

Au moment où j'ai fait sa connaissance, Marie-Noëlle Bouzet cherchait toujours Élisabeth, envers et contre tout. Elle ne savait pas encore que quelques mois plus tard, en juin 2003, on arrêterait celui qui l'avait enlevée et tuée. Un certain Michel Fourniret, « l'ogre des Ardennes »…

Ce cliché que j'ai pris de toi lors de nos vacances en Bretagne, en juillet 1996, a rejoint les photos d'Angélique, Marion, Yannis, Aurore, Tatiana, Élisabeth et Joffrey sur l'avis de recherche de l'Aide aux parents d'enfants victimes (APEV).

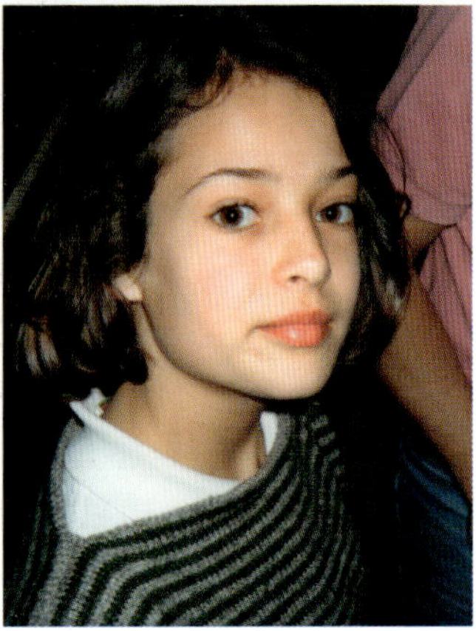

Juin 1986 : tu as huit ans et tu découvres ton grand-père paternel, lors de sa première visite dans notre maison de Mathan, près de Caen, où tu as grandi en partie.

Dans mes bras, à Mathan. *Loving you in tenderness, loving you in happiness, loving you in sadness, too…*

Avec Chloé, ta sœur aînée, à Charmey, en Suisse, en décembre 1986. Batailles de boules de neige, ski, longues promenades, repas chaleureux : des vacances heureuses.

En Savoie, vers 1995.

En vacances à Avignon, en mars 1996. Nous y avions passé une semaine ensemble. Le noir et blanc fait ressortir la rondeur de tes joues et te donne un air mystérieux. Tu étais ravie quand tu as vu les clichés.

Vacances en Bretagne, en août 1996.

Chez ton amie Julia, en Franche-Comté, en avril 1997. Pour l'été, elle souhaitait partir en vacances avec toi.

Cahier photos : collection personnelle de l'auteur.

25 mai 2003, première Journée internationale des enfants disparus. Une quinzaine de membres de l'Association pose devant l'église Sainte-Cécile, notre poin de ralliement dans le IXe arrondissement de Paris Pour l'occasion, nous avons revêtu un T-shirt à ton image.

12

C'était le 26 juin 2003 à Ciney, près de Namur, en Belgique. Seize mille habitants, de jolies maisons, des pelouses impeccablement taillées, des rues peu animées : une bourgade tranquille, de celles où l'on ne craint pas de laisser les enfants aller et revenir seuls de l'école. Tel est le cas de la jeune Marie-Ascension, treize ans, qui marche sagement sur le trottoir quand une camionnette s'arrête à sa hauteur. Le conducteur baisse la vitre. Il cherche le chemin de la Salle, dit-il. Un homme d'une soixantaine d'années qui demande sa route, c'est banal – aucune raison de se méfier, même si l'on est en pleine affaire Dutroux. Marie-Ascension s'approche. Elle donne quelques explications. Mais l'homme fait la moue. Ça lui semble compliqué. Pourrait-elle l'y conduire ? Elle lui rendrait un grand service.

Sans doute a-t-on recommandé à Marie-Ascension de ne jamais monter dans la voiture d'un inconnu. Dans un premier temps, d'ailleurs, la fillette refuse de le faire. Mais l'homme lui lance, l'air triste :

— Ce n'est pas bien de ne pas faire confiance aux gens.

Du coup, elle se sent coupable. Elle a reçu une éducation catholique et elle est très croyante. Il faut, lui a-t-on appris, aider son prochain. Marie-Ascencion hésite un moment encore, puis finit par grimper sur le siège avant. Quelques kilomètres plus loin, alors qu'elle a déjà compris qu'elle est tombée dans un piège, son ravisseur s'arrête sur un parking désert, le temps de la ligoter et de la jeter à l'arrière du véhicule. Par miracle, ses liens sont lâches. Malgré la peur, l'adolescente réussit à les défaire. Elle parvient aussi à ouvrir la porte latérale du véhicule, alors qu'il ralentit à l'approche d'un stop, et se jette dehors. Tandis que la camionnette s'éloigne, elle a même la présence d'esprit de noter son numéro d'immatriculation – permettant, par son courage et son à-propos, l'arrestation d'un certain Michel Fourniret, alors âgé de soixante et un ans.

À cette époque, Fourniret a déjà tué plusieurs fois en France et en Belgique. Ses victimes ? Isabelle Laville, dix-sept ans, disparue à Auxerre le 11 décembre 1987, alors qu'elle revenait du collège. Fabienne Leroy, vingt ans, enceinte de huit mois, kidnappée le 4 août 1988 sur le parking d'un supermarché de Saint-Hilaire-le-Grand. Jeanne-Marie Desramault, vingt et un ans, étudiante. Natacha Danais, treize ans, disparue le 21 novembre 1990 à Rezé, près de Nantes. Céline Saison, dix-huit ans, enlevée le 16 mai 2000 à Charleville-Mézières. Mananya Thumpong, treize ans, disparue à Sedan le 5 mai 2001. Et la petite Élisabeth Brichet, douze ans, dont il a croisé la route par hasard, le 20 décembre 1989. Ce jour-là, Fourniret et son épouse remontent la chaussée de Waterloo, à Namur, leur fils de quinze mois à l'arrière, dans son siège auto. Il repère la fillette, qui sort de chez une amie, et arrête son véhicule à sa hauteur avant de lui demander de les guider, lui et sa femme, pour soigner le bébé qui, affirme-t-il, est malade. Élisabeth accepte. Quatorze interminables années plus tard, on retrouvera son corps enterré dans la propriété de son bourreau. Lequel n'aurait peut-être jamais été interpellé sans Marie-Ascension, la jeune collégienne courageuse, seule rescapée de toutes ses victimes.

Quand j'ai appris ce qui lui était arrivé, je n'ai, bien sûr, pas pu m'empêcher de faire le rapprochement avec toi, même si je ne suis pas taraudé par des scénarios macabres. La dernière fois que l'on t'a vue, Cécile, tu marchais seule, le long d'une route. Une camionnette s'est-elle arrêtée à ta hauteur ? Le conducteur t'a-t-il demandé de l'aider à trouver son chemin ? Es-tu montée à ses côtés, t'a-t-il attachée ? Cela fait partie des choses possibles. Comme il est possible, aussi, que tu n'aies pas eu la chance de la jeune Marie-Ascension et que tu n'aies pas pu t'enfuir.

Une mauvaise rencontre au cours de ta dernière promenade. Cette hypothèse a bien entendu été retenue par les enquêteurs. Au cours de leurs investigations, ils ont tenté de la vérifier en suivant plusieurs pistes. Celle du fameux van gris, jamais retrouvé malgré tant d'investigations, et de l'homme de type méditerranéen qui le conduisait. Les déclarations d'un certain S. A., connu pour des affaires de viols, expliquant qu'il avait « planté » quelqu'un. Celles de J. M. R., connu lui aussi pour des faits de viols et d'homicides, et qui était en possession, au moment de son interpellation, de photographies de « trois jeunes filles endormies ». La présence sur le chantier de l'autoroute de Maurienne de ce F. S., auteur d'agressions sexuelles. Celle, dans une carrière de Saint-Félix, de J. B., qui accostait des jeunes filles mineures et leur proposait des relations sexuelles moyennant finances. La dénonciation de M. L., qui aurait incité une femme à se rendre à Marseille pour se prostituer…

Aucune de ces pistes, Cécile, n'a débouché sur quoi que ce soit de tangible. Et tous les hommes que je viens de citer ont fini par être mis hors de cause. Hors de cause, aussi, le tueur en série allemand, soupçonné pendant un temps, mais qui ne se trouvait pas en Savoie au moment de ta disparition. Hors de cause, enfin, les détenus libérés dont l'emploi du temps a été vérifié.

Il n'empêche. Cette mauvaise rencontre, tu as pu la faire tout de même. Michel Fourniret, par exemple. Il a distillé ses aveux comme on crache son venin, lentement, pour mieux jouir du trouble et du chagrin qu'il provoquait. Il n'en a pas fini, je pense. Il a pu faire d'autres victimes. On le soupçonne d'avoir enlevé Estelle Mouzin. Les enquêteurs en charge du dossier tentent de déterminer où il se trouvait au jour et à l'heure auxquels elle s'est volatilisée[1]. Pourquoi ne s'en serait-il pas pris à toi ?

C'est ce que je compte dire au juge Hélène Gerhards, qui a succédé au juge Busché. Je lui dirai

1. À ce jour, Michel Fourniret n'a pas été convaincu de ce crime, malgré toutes les recherches effectuées.

aussi que, si tu as fait une mauvaise rencontre, celle d'un prédateur sexuel, et que celui-ci n'a pas été arrêté, c'est une raison supplémentaire de pousser plus avant les recherches. D'autres enfants ne doivent pas subir le sort qui t'a été réservé. J'espère ne pas avoir trop de mal à la convaincre.

En attendant ce rendez-vous, j'irai passer quelques jours en Angleterre. Ce pays que j'ai quitté à l'âge de vingt et un ans m'apaise. Je trouve, chez mon frère et ma belle-sœur, une atmosphère familiale qui me fait du bien. Puis, j'aime flâner dans les rues de Londres. À six ans, Maryse et moi t'avions emmenée chez Marks & Spencer, le plus grand magasin de vêtements d'Angleterre, pour t'acheter un pyjama. Rose ou bleu ? Tu t'es dirigée vers les pyjamas bleus, ceux pour les garçons. Ça nous a fait sourire. Même en jogging, tu avais l'air d'une fille, Cécile. C'était incontestable. Et être à Londres à tes côtés, c'était bien.

Nous avons connu d'autres villes, ensemble, bien sûr. Tu aimais voyager, tu étais curieuse de tout, pas seulement de l'Angleterre. Le dernier week-end d'octobre 1996, à la veille de ton dix-septième anniversaire, nous sommes allés à Cassis. Je devais participer avec mes amis de longue date, Paul et Hélène, à un semi-marathon entre Marseille et cette ville. Le temps était superbe. Tu as apprécié, à sa juste mesure, la beauté des lieux et de la Méditerranée. Nous étions tous logés dans un petit hôtel en bord de mer et nous nous sommes retrouvés, le soir, pour un repas très gai et très sympathique.

Le lendemain matin, me laissant partir très tôt, tu as profité de ta journée avec ton amie Laure, la fille de Paul et d'Hélène. Pour ma part, j'ai retrouvé avec émerveillement cette région que j'avais découverte à l'adolescence, quand je suis venu pour la première fois en France. La douceur de l'air, en cette fin d'automne. Les paysages. Cette mer bleue et tranquille, si différente de la Manche balayée par le vent. La cuisine aussi, poissons en bouillabaisse et salades fraîches, pissaladière et tapenade. Nous sommes rentrés hâlés et heureux, nous promettant de retourner très vite ensemble dans le Midi.

26 septembre 2003. Dans un mois et deux jours ce sera ton anniversaire, Cécile. Je roule vers Albertville, en Savoie, où la juge Hélène Gerhards nous attend, ta mère et moi. L'autoradio est allumé, la musique des Rolling Stones emplit la voiture. Les Stones ! J'en suis fan depuis leur premier album, sorti en 1964, mélange de rock et de blues, qui continue à faire danser cinquante ans plus tard. Il faut croire que je vous ai communiqué

ma passion, à Chloé et à toi, puisque vous m'avez demandé d'assister au concert que ce groupe mythique, en juin 1995, donnait à l'hippodrome de Longchamp… Cette soirée a été une vraie réussite. L'ambiance était électrique, les milliers de spectateurs étaient plus qu'enthousiastes et les Stones égaux à eux-mêmes. « Satisfaction », « It's All Over Now », « Sympathy for the Devil », « Brown Sugar »… Tu chantais, Cécile, à coté de ta sœur, et je vous regardais, ravi de votre enthousiasme…

Où sont passés ces jours heureux ? Voilà des années que tu as disparu et, une fois encore, j'arrive à Albertville. Je commence à connaître par cœur ce palais de justice enserré dans les montagnes. Je gagne sans hésitation le bureau de la juge Hélène Gerhards. Elle nous reçoit, ta mère et moi, avec plus de chaleur que ses deux prédécesseurs. C'est une femme, peut-être une mère. Est-ce que cela change quelque chose ? Il me semble, en tout cas, que son regard est compatissant lorsqu'elle le pose sur nous.

La magistrate commence par nous assurer qu'elle n'a pas l'intention de clore ton dossier pour le moment. Clore le dossier ? Ces mots, prononcés d'une voix douce mais ferme, sonnent à mes oreilles comme une menace. Ainsi, la justice pourrait t'abandonner ? Elle pourrait te laisser au bord de cette route, seule, l'air triste, sans que personne, jamais, ne sache ce que tu es devenue ? Les enquêteurs pourraient cesser de te chercher et le juge passerait à autre chose ? Comment peut-on clore le dossier d'une mineure disparue, tourner la page, l'oublier, la rayer du monde d'un trait de plume ? Que ce ne soit pas encore d'actualité me rassure un peu, bien sûr. Hélène Gerhards nous explique que des investigations sont encore en cours – et aussi qu'elle a demandé aux enquêteurs de vérifier où se trouvait Michel Fourniret, le 9 juin 1997 en fin d'après-midi. Ainsi, « l'ogre des Ardennes » va-t-il être confronté à ta disparition, Cécile. J'en suis soulagé et très inquiet à la fois. Ton chemin a-t-il croisé le sien, aussi improbable que cela puisse paraître ? Ce serait une nouvelle épouvantable.

Mais il n'y a pas que Fourniret. Je souhaite que des pistes jusque-là négligées soient explorées, notamment celle de la Peugeot 205 rouge, immatriculée à Turin, dans laquelle tu aurais été vue le jour de ta disparition. Différents numéros de téléphone, retrouvés dans tes affaires, n'ont jamais été identifiés. Puis il faudrait, si morbide que cela semble, rechercher ton corps à la sortie de Saint-Jean-de-Maurienne, au niveau de l'autoroute qui, en juin 1997, était en construction. Le maître d'œuvre a fourni des plans, mais aucune fouille n'a été faite. Il est possible, terrible hypothèse, que ton corps ait été coulé dans le béton…

La juge Hélène Gerhards nous a longuement écoutés. Elle a fait acter nos demandes, qui se trouvent à la cote D697 du dossier. À la fin de cette entrevue, ta mère a expliqué qu'au printemps 2002 elle avait reçu un appel du curé de Saint-Jean-de-Maurienne. Il revenait de chez sa mère en voiture, le dimanche 8 juin 1997, quand il t'a aperçue marchant sur le bord de l'ancienne nationale 6, au niveau de l'entreprise Duverney TP. Tu te trouvais le long des barrières de sécurité, au bord de l'eau, côté rive. Toujours selon cet homme d'église, tu avais l'air perturbé. Il a voulu s'arrêter, mais il était suivi par de nombreuses voitures. Il est donc allé jusqu'au rond-point suivant pour faire demi-tour. Mais quand il est arrivé à l'endroit où il t'avait aperçue, tu avais disparu. Il a eu le sentiment que tu avais pu te jeter à l'eau.

La juge prend l'affaire très au sérieux et convoque aussitôt Pierre Dufour, le curé de Saint-Jean-de-Maurienne, le 29 octobre suivant. Un drôle de type, ce prêtre. Certains, à Saint-Jean-de-Maurienne, le disent « ouvert, moderne, de gauche et disponible[1] ». D'autres le prétendent « autoritaire, moraliste et parfois vulgaire ». Mais, surtout, depuis de longues années déjà, des rumeurs courent, qui le prétendent pédophile. Jusque-là,

1. *Libération*, 15 décembre 2003.

la justice n'a rien pu prouver. Au moment où la juge Gerhards demande à l'entendre, personne ne sait encore que, dans deux mois, il sera arrêté pour viol et reconnaîtra les faits qui lui seront reprochés. Tous ignorent qu'il en reconnaîtra d'autres sur « des enfants de chœur, garçons ou filles, depuis 1960 ». Et l'on ignore aussi qu'il sera finalement condamné, le 26 mai 2006, à quinze années de réclusion criminelle par la cour d'assises de Chambéry.

La déposition de Pierre Dufour est actée à la cote D699. Il nie formellement t'avoir croisée. Il nie aussi avoir téléphoné à Maryse. Le week-end de ta disparition, il présidait la cérémonie des communions. Il s'est ensuite rendu au Mont-Cenis, à 90 kilomètres de Saint-Jean-de-Maurienne. Vérification faite, cela semble exact. Alors ? Maryse se serait trompée ? Elle jure que non. La juge Hélène Gerhards organise une confrontation. Ta mère reste sur ses positions, le prêtre aussi.

Le mystère sera résolu par Yves Conversano, qui poursuit son enquête. L'homme qui a appelé Maryse existe bel et bien. Le détective privé l'a retrouvé. Il ne s'agit nullement de Dufour, mais d'un certain V. D. Coïncidence étrange, lui aussi est prêtre. Âgé de soixante et onze ans en 1997, à la retraite, il est originaire de la vallée de la Maurienne. Il explique aux gendarmes qu'il croyait en effet t'avoir croisée en fin d'après-midi, un dimanche de juin 1997. Il roulait en direction de Saint-Jean-de-Maurienne et venait de dépasser le pont d'Hermillon, quand il t'aurait aperçue, l'air triste, observant les voitures. Il savait que des gens s'étaient déjà suicidés à cet endroit. Il s'est demandé si tu n'allais pas le faire, toi aussi. Mais un véhicule de couleur noire le suivait, qui l'a empêché de s'arrêter. Ensuite, il a bien fait demi-tour. Il est revenu sur ses pas, mais tu avais disparu. Il a repris sa route. Quatre ans plus tard, il s'est décidé à appeler Maryse pour, dit-il, « lui apporter un réconfort »...

V. D. dit-il vrai ou faux ? Difficile de répondre, mais il aurait importé, à mon sens, de lui poser quelques questions supplémentaires. Est-il vraiment certain d'avoir continué sa route quand il t'a croisée ? Ne s'est-il pas, au contraire, arrêté pour t'aborder ? Ne t'a-t-il pas demandé de monter dans sa voiture pour te ramener chez toi ou ailleurs ? Au fait, conduisait-il vraiment sa voiture, ou le C5 qu'il a reconnu posséder ? Enfin et surtout, qu'a-t-il fait après t'avoir vue ? Où s'est-il rendu ? Quelqu'un peut-il le confirmer ? En un mot, a-t-il un alibi qui permettrait d'exclure sa culpabilité ?

V. D. ne répondra jamais à ces questions. Il est mort en 2007, à l'âge de quatre-vingt-un ans, sans avoir été autrement inquiété. Et avec sa mort, c'est peut-être une nouvelle piste qui a tourné court.

13

En 2003, Cécile, ton beau-père a été muté. Il a quitté le lycée qu'il dirigeait à Saint-Jean-de-Maurienne pour un autre, au Sénégal. Maryse, ton demi-frère et ta demi-sœur l'y ont suivi. Ce n'était pas un petit déménagement.

À cette occasion, bien sûr, il a fallu vider les lieux. Et donc ta chambre, restée en l'état depuis toutes ces années. L'ours en peluche a quitté ton lit en mezzanine, tes vêtements ont été sortis du placard et rangés l'un après l'autre. Tes livres, tes cahiers et le petit fouillis d'objets – stylos, papiers, trombones, cartouches, menus souvenirs – qui se trouvaient sur ton bureau ont été mis en carton. Les photos, les posters et l'ange de la chapelle Sixtine ont quitté leurs murs. Tu n'as plus de chambre à Saint-Jean-de-Maurienne, plus de vêtements, plus de livres, plus de cahiers, et l'encre de tes stylos a séché.

J'ai été un peu déconcerté de savoir que le décor dans lequel tu avais vécu n'existait plus. Ça m'aurait fait très mal si ç'avait été ta chambre à Mathan. Je me suis dit que ça n'avait pas dû être facile pour Maryse. Aujourd'hui, qui dort dans cette pièce vide ? Son occupant sait-il que tu y as vécu, rêvé, étudié ? Connaît-il ton histoire ? Pense-t-il parfois à toi, l'adolescente que l'on n'a jamais retrouvée ? Je n'ai pas cherché à le savoir. Je pense seulement que, plus le temps passe, moins il reste de traces de toi.

La vie des autres, elle, continue. Il faut bien avancer, un jour après l'autre, une semaine après l'autre, un mois après l'autre, hiver, printemps, automne, été. Le calendrier se déroule et nous ramène les mêmes fêtes – Noël, jour de l'an, Pâques – et les mêmes anniversaires, le tien, le mien. Et celui de ta disparition.

Que s'est-il passé, Cécile ? Personne n'en sait toujours rien. J'ai parfois l'impression de tourner en rond. Le numéro de téléphone qui t'a été dédié reste muet ou presque. Les quelques rares appels reçus continuent d'être vérifiés. On t'aurait vue à Lyon, en train de « faire la manche » sur la place du marché, mais aussi à Cahors, en compagnie d'un homme qui a pris le volant d'un fourgon Mercedes blanc de type Vito. Ce n'était pas toi. Et tu ne serais pas montée, non plus, dans la camionnette de Michel Fourniret : à la cote D907, les enquêteurs expliquent que rien ne permet d'établir qu'il serait passé à Saint-Jean-de-Maurienne le 8 juin 1997, en fin d'après-midi.

Ce dossier ressemble à un entonnoir. Il ne cesse de rétrécir. Aujourd'hui, il n'en sort presque plus rien. Et peut-être aurait-il fini par se refermer, peut-être Hélène Gerhards aurait-elle capitulé, peut-être aurait-elle décidé de clore l'instruction, en vertu de l'article 175 du Code de procédure pénale qui lui en donne le pouvoir, si Me Caty Richard n'était intervenue, comme elle le fera encore souvent. Avec l'aide de Chloé et des membres de l'équipe Icare, qui se déplace jusqu'à Saint-Jean-de-Maurienne pour mieux appréhender les lieux, elle décortique le dossier page après page, ligne après ligne. Cette lecture lui permet de repérer des failles que personne, avant elle, n'avait décelées.

La lecture des demandes d'actes qu'elle a adressées en avril 2004 à la juge d'instruction, qui les a classées à la cote D731, m'a beaucoup étonné. En sept années d'enquête, personne n'a jugé utile de demander aux dentistes qui t'ont soignée de fournir leurs radios pour les joindre à ta fiche de diffusion et de recherche à l'échelle nationale et internationale. Certains témoins n'ont toujours pas été entendus. D'autres ont fait des déclarations qui mériteraient pour le moins d'être vérifiées. La météo du jour où tu as disparu n'a pas été versée au dossier. Et ton profil ADN n'a pas été créé…

Enfin, Me Caty Richard revient sur l'une des pistes déjà exploitées par les enquêteurs, celle d'un médecin, le Dr G. Après le décès de celui-ci, l'une de ses proches aurait retrouvé chez lui des affiches et des articles de presse te concernant, Cécile. Un dossier entier, a-t-elle affirmé. Me Caty Richard fait observer que le Dr G., qui vivait et travaillait dans la région de Chambéry, possédait une Renault rouge de type R19, et que celle-ci se trouve toujours dans le garage de son immeuble. Me Caty Richard demande que des opérations de police technique et scientifique soient effectuées dans ce véhicule et qu'une enquête d'environnement soit ordonnée, afin que le « profil » du Dr G., expert judiciaire suspendu pour des raisons inconnues, soit établi.

Le travail accompli par l'équipe d'Icare est énorme. Celui de Me Caty Richard aussi. Il va permettre, nous l'espérons, de faire évoluer la situation en notre faveur.

En attendant la décision de la juge Hélène Gerhards, non sans inquiétude, je continue à faire avancer les choses de mon mieux, en dépit d'une vie professionnelle très accaparante. Depuis 1997, je l'ai dit, j'anime des séminaires de gestion d'entreprise en indépendant. Ce travail m'amène à intervenir aux quatre coins de la France. Nombreux déplacements, nuitées dans des hôtels anonymes, journées remplies à la minute près… mais quoi que je fasse, où que je sois, je ne t'oublie jamais, Cécile. Tous les jours, je te murmure les paroles de ce poème que j'ai écrit il y a bientôt huit ans. Deux mille cinq cents journées écoulées, comme dans un sablier.

Parfois, au hasard des villes, les souvenirs que j'ai de toi se font plus forts. Angoulême me rappelle le festival de BD où nous nous étions rendus avec Chloé et Matthew. Vous aviez passé de longs moments à feuilleter les albums. *Astérix et Obélix*, *Gaston Lagaffe*, *Lucky Luke*… Vous souriiez en tournant les pages, et moi je vous regardais, je savourais ce moment où vous étiez avec moi, mes trois enfants.

Châteaufort, ancienne cité fortifiée des Yvelines, qui s'élève à la cime d'un coteau escarpé, évoque le week-end passé chez Mireille et André, nos voisins à Mathan, qui possèdent une petite propriété là-bas.

La traversée du Vercors m'est toujours un plaisir, tant demeure vif le souvenir de l'été que nous avons passé à Malleval, minuscule village niché au cœur d'un cirque majestueux. Nous avons fait de grandes randonnées, dans cette enceinte naturelle, immensité sauvage, bordée de falaises abruptes, mêlant roche et forêt. Je te revois encore marchant devant moi, le dos bien droit, les épaules jetées en arrière, la tête levée vers un ciel très bleu.

Je travaille partout en France, Cécile. Et partout en France, tu es avec moi.

25 mai 2004. Je participe à la seconde journée dédiée aux enfants disparus, en compagnie des membres de l'association. Nathalie, Kamel et Chloé ont confectionné une grande banderole sur laquelle ils ont inscrit ces mots : « Association Cécile. Aidez-nous à la retrouver. » Ils ont ajouté ta signature et le dessin d'un myosotis. De nouveau revêtus de T-shirts à ton image, nous nous sommes donné rendez-vous à 19 h 30 devant le Mur pour la paix, tout en verre, place Joffre, en face de l'École militaire. Ensemble, nous avons gagné le rassemblement principal, sur le Champ-de-Mars. Et, à la tombée de la nuit, nous avons tous allumé une bougie.

Il y avait du monde, Cécile. J'ai croisé Nicolas Sarkozy, ancien ministre de l'Intérieur, tout juste nommé aux Finances. Il m'a simplement dit : « Je vous connais. » Une photo illustre notre poignée de main. J'ai vu aussi Éric Mouzin, le père d'Estelle, qui n'a toujours pas été retrouvée, pas plus que Marion Wagon. Les responsables présents se sont félicités de la mise en place d'un numéro azur « SOS enfants disparus » et du lancement d'un centre d'écoute entièrement dévolu à cette cause. Leurs proches pourront y demander des renseignements et recevoir un soutien psychologique.

Je me félicite également de cette initiative. Même si je préférerais que personne n'ait à utiliser ce numéro. On en est loin. Je viens d'apprendre que le petit Jonathan, onze ans, s'est volatilisé en Loire-Atlantique dans la nuit du 6 au 7 avril, alors qu'il se trouvait en classe de mer. La dernière fois qu'on l'a vu, il dormait parmi ses camarades, dans un dortoir. Le lendemain matin, son lit était vide. Qui l'en a sorti ? Où a-t-il été emmené ? Est-il vivant ou mort ? Les enquêteurs ne peuvent le dire[1].

Peu après cette seconde journée dédiée aux enfants disparus, j'ai appris une triste nouvelle. Ton grand-père maternel, Georges Vallin, vient de

1. Jonathan a été retrouvé noyé dans un étang de Guérande quelques semaines plus tard. Son corps était ligoté à un parpaing. Son meurtrier n'a jamais été retrouvé. Sa grand-mère, assistée elle aussi de Me Caty Richard, cherche toujours à savoir ce qui s'est passé.

mourir. C'est un pan de ton enfance qui disparaît avec lui. Nous allions souvent chez lui, à Saint-Germain-en-Laye. Tu l'aimais bien et, de son côté, il était très affectueux avec toi.

À ses obsèques, j'ai retrouvé la ville, son superbe château et son parc arboré. J'ai cru te voir courir dans ses allées, fillette joyeuse. Où est passé tout ce bonheur ? Voilà ce que je me suis demandé en retrouvant Maryse devant l'église. Tu aurais dû être là avec nous, jeune femme vêtue de noir, la première à être réconfortée. Nous aurions assisté à l'office, écouté les chants, retenu nos larmes. Ensuite, nous aurions marché ensemble jusqu'au cimetière. Là, tu aurais pu dire au revoir à cet aïeul qui ne t'a jamais revue.

À y penser, je sens la tristesse remonter en moi. Je croyais l'avoir jugulée, mais parfois elle resurgit tout de même. Et de nouveau, je me pose les mêmes questions, celles qui me taraudent depuis huit ans maintenant. Pourquoi n'es-tu pas là, Cécile ? Comment la vie, la tienne comme la nôtre, a-t-elle pu basculer à ce point ? Quand redeviendra-t-elle normale, si elle le redevient jamais ? Combien de temps encore vais-je devoir affronter ton absence ?

3 juillet 2004. Aujourd'hui, j'ai rencontré les enquêteurs à Saint-Jean-de-Maurienne. Je leur ai

donné des cheveux prélevés sur ta brosse. Je les ai détachés un à un avec précaution. Mis sous scellés, ils permettront d'établir ton profil ADN. Je leur ai fait promettre de me les rendre. Ils ne l'ont pas fait. Heureusement, par précaution, j'en ai gardé quelques-uns, une dizaine, que j'ai collés sur une feuille blanche. J'ai glissé le tout dans une pochette en plastique. Elle restera là, près de moi, avec moi.

Il reste si peu de choses de toi à Mathan, Cécile. Quelques dessins lumineux, accrochés bien en évidence, d'autres plus anciens, glissés dans une chemise. Sur l'un d'eux, une poule et un canard, et ces mots : « Bonne fête papa. » Sur un autre, un clown. Sur un autre encore, un bonhomme de neige. Un cahier de maternelle sur les pages duquel tu as tracé tes premières lettres, *M* comme *Maman*, *P* comme *Papa*, des recettes de cuisine, dont celle du gratin de pommes à la paysanne. Quelques petits mots : « Tu me manques, papa », ou celui-ci, dont je respecte l'orthographe enfantine : « Cher papa chéri, cet après-midi, j'ai un invité, une amie qui s'appelle Estel, nous allons faire du roller nous allons aller à la piscine, gros bisous comme ça. »

Je n'ai pas pensé à garder tous tes cahiers, ceux du CP, du CE1, du CE2 et du CM1. J'aurais pu les ouvrir, revivre ton enfance. Les poèmes appris et récités, les dictées corrigées en rouge, les premières opérations, additions, soustractions, multiplications… Combien de temps avons-nous passé à les réciter, ces tables ? Et puis ces rédactions maladroites, qui éclataient de joie de vivre. Les premières leçons d'histoire, celle de cette France où tu es née. Oui, si j'avais su, j'aurais tout gardé.

Au début, Cécile, il y a eu l'incompréhension, l'angoisse, puis la colère. Ensuite est venu le temps de l'action. J'ai fait tout ce que je pouvais pour savoir ce qui t'est arrivé. Autour de moi, il y avait ma famille, mes amis, tous ceux qui t'aimaient. Nous étions tous unis, un pour tous, tous pour un. Nous allions dans le même sens, vers le même but. Nous avons créé l'Association Cécile et tenté de mettre en œuvre une dynamique qui permettrait d'avancer, parallèlement à l'enquête judiciaire. Les médias ont été alertés, des reportages t'ont été régulièrement consacrés. Nous avons distribué des milliers d'affiches partout en France, nous nous sommes tenus au courant de l'évolution de ton dossier, un site internet a été créé.

Et puis, une année après l'autre, le temps a passé. C'est quelque chose de terrible, le temps. Il érode les choses lentement, implacablement. Tes amis sont devenus adultes. Ils se sont mariés, ont eu des enfants. Certains ont déménagé. Maryse s'est mise en retrait des recherches, trop éprouvée, sans doute, et soucieuse d'élever dignement ses deux autres enfants. Monique Berger, ton professeur de sport, qui s'était engagée si fort pour toi, vient de quitter l'association. D'autres ont fait de même. Et maintenant c'est Chloé, si déterminée, qui n'en peut plus. Je ne lui en veux pas. Comment le pourrais-je ? Elle a tant fait, au détriment de sa vie professionnelle et même de sa vie privée. Elle a le droit de ne plus être confrontée à l'angoisse. Je comprends que ce soit difficile d'être sans cesse sur la brèche, à la recherche d'un être cher. Se retirer de ce long combat ingrat, c'est peut-être la sagesse. Mais le constat est là. Nous ne sommes plus autour de toi que quelques irréductibles qui nous battons du mieux que nous pouvons, que rien ne décourage, même quand une piste s'effondre.

Pourtant, Cécile, je sens parfois le découragement me gagner. Je l'ai écrit à mon frère Peter, qui, de l'autre côté de la Manche, m'a tant soutenu et aidé. Ma lettre date du 26 novembre, je l'ai rédigée dans la grisaille de l'automne. Le froid était déjà là, et cette petite pluie glaciale qui, en Normandie, rend la terre boueuse. J'étais à mon bureau, devant mon ordinateur. Par la fenêtre, le jardin s'offrait à moi, désert, humide. J'ai tapé les premiers mots :

« Cher Peter, j'aurais voulu te faire parvenir des tas d'informations concernant l'enquête sur Cécile, mais après tout ce temps, elle semble toujours au point

mort. En dépit de tout ce que nous avons pu faire, nous sommes toujours sans aucune nouvelle de ma fille chérie, disparue à dix-sept ans… »

Mais je le sais bien, je dois continuer. Je n'imagine d'ailleurs pas autre chose. On parle encore de toi dans les médias. France 2 t'a consacré trois reportages ces derniers mois. C'est bien. La juge Hélène Gerhards a fait « vieillir » ton visage ; je ne trouve pas le résultat très probant, mais si cela peut être utile… Ton ADN a été séquencé, il sera inscrit au Fnaeg[1]. Les dentistes ont envoyé des radios, comme le juge le leur a fait demander.

Enfin, pour la prochaine Journée internationale des enfants disparus, Dolorès, qui est membre de l'association, a eu une bonne idée. À l'aide de l'une de tes photos, que je ferai tirer au format affiche, je ferai confectionner un grand puzzle. Les participants à l'événement pourront, pièce après pièce, reconstituer ton visage. Une façon symbolique de nous aider à te retrouver.

Cette année 2005 s'annonce difficile, Cécile. Mais je n'abandonnerai pas. Ça doit être mon côté entêté.

1. Fichier national automatisé des empreintes génétiques.

14

C'était le 2 mars 1998, trois mois avant le premier anniversaire de ta disparition. Un flash, à la radio, m'a alerté. Une petite fille prénommée Natascha, âgée de dix ans, venait d'être enlevée à Vienne, en Autriche. Elle se rendait seule à l'école et marchait tranquillement sur le trottoir, quand une camionnette blanche aux vitres fumées s'est arrêtée à sa hauteur. Son conducteur a entrouvert sa portière. Natascha a sans doute cru qu'il voulait lui demander son chemin et s'est tout naturellement approchée. L'instant d'après, il l'attirait brutalement à l'intérieur du véhicule et refermait la portière sur elle. C'est aussi simple que cela, parfois, d'enlever un enfant en plein jour, en pleine ville.

Au cours des heures suivantes, la plus grande campagne de recherches jamais entreprise en Autriche pour retrouver une enfant disparue s'est mise en place. Les enquêteurs ont interrogé tous les proches de Natascha. Ils ont fait le tour des hôpitaux de la région et fouillé, mètre par mètre, le trajet séparant le domicile de l'enfant de son établissement scolaire. Ils sont entrés dans chaque immeuble, ont inspecté les poubelles, les caves, ont sonné aux appartements pour interroger les riverains. Dès l'aube, des dizaines d'entre eux ont élargi le cercle des recherches. En vain. Comme toi, Cécile, comme Marion Wagon, comme Estelle Mouzin, Natascha Kampusch est restée introuvable.

Peu à peu, au fil des mois, l'espoir de la retrouver vivante s'est amenuisé. Les années passant, huit au total, la jeune disparue est devenue un visage sur une affiche, placardée partout dans Vienne. Le visage d'une fillette qu'on n'a pas laissée grandir.

À la stupéfaction générale, c'est une très jeune femme qui finit par réapparaître, le 23 août 2006. Car, après tout ce temps, Natascha Kampusch est vivante. Un miracle qui se teinte d'amertume pour ses proches. La fillette est restée enfermée à quelques kilomètres de l'endroit où elle a été enlevée. Son ravisseur s'est joué des enquêteurs qui battaient la ville. Recluse dans une cave, Natascha a grandi vaille que vaille, guettant l'instant où, enfin, elle pourrait s'échapper. Il lui a fallu pour cela attendre huit années et cinq mois, perdre sa jeunesse et son adolescence. Un traumatisme terrible, qui aurait pu être évité.

Dans les jours suivant le début de l'enquête, en effet, une jeune écolière a affirmé avoir vu Natascha enlevée par un homme brun conduisant une camionnette blanche aux fenêtres arrière et latérales foncées, dont le numéro d'immatriculation contenait les lettres *G* ou *GF*. Sept cents voitures ont été vérifiées. Parmi elles, celle du ravisseur. Mais, lors de son audition, l'homme, un certain Wolfgang Přiklopil, s'est montré suffisamment sûr de lui, malgré l'absence d'alibi, pour que les enquêteurs le mettent hors de cause. Et il a pu regagner en toute tranquillité son domicile, où Natascha était emprisonnée.

Joie et soulagement. Angoisse et espoir. Tels sont les sentiments que m'inspire cette histoire. Je suis heureux d'apprendre qu'une enfant disparue a survécu, même dans des conditions difficiles, et a recouvré la liberté. As-tu été victime du même type de prédateur, l'un de ceux qui sillonnent les routes à la recherche d'une jeune proie et qui stoppent leur véhicule à sa hauteur, avant d'ouvrir la portière pour demander un renseignement : « Pardonnez-moi, j'ai perdu mon petit chien, un épagneul noir, vous ne l'auriez pas vu, par hasard ? Pourriez-vous m'aider à le retrouver ? Je ne peux pas conduire et regarder sur le bas-côté »... Ou bien : « Excusez-moi, où se trouve le garage le plus proche ? Mon moteur fait un drôle de bruit, je ne voudrais pas tomber en panne. » Ou encore : « Savez vous où il y a une pharmacie ? Mon petit garçon est malade, je dois absolument acheter ses médicaments. »

Je me demande surtout si, quelque part, dans ton dossier, la piste de l'homme qui t'aurait enlevée n'est pas enfouie. Wolfgang Přiklopil est sorti libre de son audition, alors qu'il détenait Natascha Kampusch. Ce pourrait être le cas d'une des personnes entendues par les gendarmes à ton sujet. Et si oui, comment la trouver ? Il y a eu tant d'auditions depuis le 8 juin 1997 ! Des proches, des camarades, des amis que tu n'avais pas vus depuis longtemps, des inconnus aussi, qui disaient t'avoir aperçue ici ou là, les membres des sectes au sein desquelles on t'a recherchée, des radiesthésistes… et la liste n'est pas exhaustive, loin de là. Qui réentendre ? Est-ce seulement possible ? Le temps a passé, tant de temps ! Il y a eu des déménagements, des changements de numéro de téléphone. Certains témoins sont peut-être même décédés…

Le beau visage de Natascha Kampusch rayonne à la une des journaux. Les médias, eux, font le siège des parents dont les enfants ont disparu. Mon téléphone sonne – comme le leur, j'imagine. Les magazines *Closer*, *Femme actuelle* veulent te consacrer un article. Les journalistes de ces magazines me posent tous la même question. Après la réapparition de la jeune Natascha, est-ce que je crois que tu puisses être vivante ? Je ne réponds ni oui ni non. Je ne veux faire aucune hypothèse, seulement découvrir ce qui t'est arrivé. J'ai conscience de les décevoir. Mais c'est la vérité.

Natascha est vivante, donc. Elle donne aux journaux quantité de détails sur sa détention. Je ne les lis pas. Je continue mon chemin, celui qui, je l'espère, me permettra d'élucider ta disparition. Un chemin de plus en plus difficile. Je ne sais plus très bien quoi faire. Tant a déjà été fait… en vain.

Le 25 mai 2006, comme tous les ans, je me suis rendu à la Journée internationale des enfants disparus. On n'avait pas encore retrouvé Natascha. Anne Hildago, première adjointe au maire de Paris, était là. J'ai pu lui parler. Des reportages sont en préparation pour M6, iTELE, TV5, Radio France Chambéry. Je cale des rendez-vous avec les journalistes tout en continuant à sillonner la France.

Côté dossier, rien ne change, rien n'évolue. Les jours passent. 2006 se termine déjà. Bientôt 2007 et le dixième anniversaire de ta disparition. Dix ans. Une éternité. Plus que la moitié de ta vie avant que tu t'en ailles. Dix bougies noires que personne ne soufflera. Le jour de ton dixième anniversaire, quand tu as soufflé tes vraies bougies, je me souviens t'avoir dit que je t'ai aimée dès le premier jour de ta naissance.

J'ai l'impression que rien n'avance. C'est peut-être faux. Il y a la piste égyptienne, aussi ténue soit-elle. Elle commence en juillet 2006, un peu avant la réapparition de Natascha Kampusch. Hélène, une jeune monitrice de plongée, se trouve dans un bureau de poste quand elle voit l'affiche de Missing Children avec ta photo. Tu ressembles à quelqu'un qu'elle connaît – une certaine Christel, monitrice de plongée elle aussi, qu'elle a rencontrée à Dahab, en Égypte. Troublée, elle ramène l'affiche chez elle et la montre à son compagnon, John, qui connaît Christel de vue. Il confirme la ressemblance. Le jeune couple alerte les autorités.

Teint mat, timbre de voix assez fort sans accent particulier, visage ovale avec quelques taches de rousseur, yeux verts ou noisette clair, bouche assez large, cheveux châtain clair et courts, à la garçonne. La description qu'Hélène fait de Christel, à la cote D941, pourrait te correspondre, Cécile. Es-tu vraiment à Dahab, cette ville minuscule sur la côte est de la péninsule du Sinaï ? Peut-être. La rue principale est bordée de petits restaurants où l'on peut manger les pieds dans l'eau, les souks tous proches regorgent de marchandises. L'atmosphère est digne des années 1970, jeunes femmes en jupes longues et cheveux dans le dos, enfants à demi nus courant le long de la mer, hippies et jeunes routards assis aux terrasses. Et, bien sûr, les plongeurs attirés par le « Blue Hole », un creux dans le platier de corail, peuplé d'une faune sous-marine magnifique. Mais peut-être as-tu regagné la Suisse, pays où, selon Hélène, Christel se rendrait souvent. Dans ce cas, tu n'étais pas là, le 24 avril dernier, quand des bombes ont explosé à Dahab, faisant des dizaines de morts et de blessés…

La juge Hélène Gerhards a envoyé une commission rogatoire internationale pour vérifier les dires d'Hélène et de son compagnon. Combien de temps cela prendra-t-il avant que les autorités égyptiennes et suisses lui répondent ? Des mois ? Une ou deux années ? Le temps judiciaire est différent du nôtre, Cécile. Il s'écoule lentement, lourdement, il ne tient nullement compte du chagrin et de l'angoisse des proches. C'est un temps particulier, consacré à mille tâches ingrates – déplacements, interrogatoires, convocations, procès-verbaux de synthèse, vérifications, classement. La vérité s'y noie parfois. Se trouve-t-elle dans ton dossier ? Les enquêteurs sont-ils passés à côté ? Où faut-il chercher ? Dans quelle direction ? Que n'a-t-on déjà fait ? Que faut-il reprendre ? Comment recommencer ?

Parfois, je cesse de me poser ces questions. Une trêve que je m'accorde pour mieux penser à toi. La petite fille avec qui je mangeais des œufs à la coque et qui, très sérieusement, trempait ses mouillettes dans un jaune cuit à point, c'est elle qui occupe mon esprit. L'enfant qui m'envoyait des boules de neige en riant. Celle qui, à huit ans, a découvert son grand-père paternel, venu à Mathan pour la première fois. L'adolescente avec qui j'ai visité Barcelone. J'ai aimé cette ville festive, la superbe cathédrale de Gaudí, les rues étroites et pleines de charme, qui t'avaient curieusement mise mal à l'aise.

« Je n'aimerais pas me promener ici seule le soir, m'avais-tu dit. »

La rue dans laquelle tu déambulais, le dimanche 8 juin 1997 en fin d'après-midi, était large et bordée d'arbres. Une rivière coulait en contrebas. Que s'est-il passé, Cécile ? Je partais de souvenirs heureux, voilà que je reviens à ta disparition. À croire que je ne peux plus faire autrement. Il le faudrait pourtant. Je ne veux pas que tu te figes dans ton absence. J'ai vécu dix-sept ans et demi à tes côtés, Cécile. Années heureuses que je dois, d'une manière ou d'une autre, réussir à préserver.

2006, 2007. Deux années presque vides de notes dans mes agendas. Quelques rendez-vous avec des médias, la Journée internationale des enfants disparus, une réunion, en janvier 2006, de l'Association Cécile. Elle compte toujours cent un adhérents, mais dix-huit personnes seulement étaient présentes. L'ordre du jour a été plutôt maigre. Seule bonne nouvelle, l'affiche de l'APEV avec ta photo a été reproduite dans le magazine TGV de la SNCF, diffusé nationalement. Le site internet est toujours en cours d'actualisation. Yves Conversano reste en contact avec nous, mais il a suspendu ses investigations.

La réunion suivante a eu lieu en mars 2007. Il n'est rien mentionné de plus. « Cécile reste au cœur de nos préoccupations et du sens de notre démarche », a expliqué Kamel. « Même si le temps rend les choses plus difficiles, notre association doit continuer à accompagner chacun d'entre nous, différemment. Une seule réponse balaie doutes et désespoirs : Cécile. » C'était joliment dit et cela résumait parfaitement ce que je pensais.

Il n'empêche. 2006 et 2007 sont marquées par l'absence de progrès dans l'enquête. Des années vides ou presque. À aucun prix je ne veux que 2008 leur ressemble. Dès le début de cette nouvelle année, Chloé, ma fille aînée, m'annonce qu'elle a décidé de se mettre en retrait en tant que partie civile. Elle est entrée dans la vie active, sa profession d'infirmière lui prend beaucoup de temps. Elle a du mal à concilier sa vie personnelle et les démarches qu'elle entreprend inlassablement pour tenter de savoir ce qui t'est arrivé. De surcroît, répondre aux médias lui pèse. Elle a donc décidé de passer la main et me propose de prendre rendez-vous avec son avocate, Me Caty Richard, qui saura me conseiller. J'accepte.

4 avril 2008. Un printemps timide s'annonce, bourgeons naissants aux arbres, air moins frais, ciel moins chargé. Le train roule en direction de Paris, le paysage défile sous mes yeux, champs encore nus, petits bois déjà touffus, villages aux maisons blotties les unes contre les autres, cheminées fumantes. Avec l'approche de la capitale, les champs disparaissent, les maisons deviennent immeubles. Voici déjà la gare Saint-Lazare. Je descends du compartiment, voyageur anonyme. Une affiche de l'APEV est placardée là, ton visage me sourit. Tu es partout, Cécile – partout et nulle part.

Loin de ton beau visage, le métro m'attend. Quelques stations dans un wagon bondé, un changement, gare du Nord, le train pour Pontoise. C'est là, à deux pas de la gare, que se trouve le cabinet de Me Richard. Pièces petites mais lumineuses, tapis au sol, gravures aux murs, atmosphère studieuse mais chaleureuse. Dans la salle d'attente, quelques journaux et un press-book. J'y apprends que Caty Richard a été partie civile dans l'affaire de l'assassinat du préfet Claude Érignac, à Ajaccio, le 6 février 1998, mais aussi qu'elle a fait acquitter Lydie Debaine, accusée en 2005 d'avoir mis fin aux jours de sa fille gravement handicapée.

Je n'ai pas le temps d'en lire plus, elle est là qui me tend la main, une femme énergique et douce à la fois, regard aigu et compatissant, verbe haut et intelligent. Elle connaît parfaitement ton dossier, de la première à la dernière cote. Et elle me dit, d'emblée, qu'elle mettra tout en œuvre pour qu'un jour, enfin, on sache ce qui t'est arrivé. Cela prendra peut-être du temps, cela nous demandera de l'énergie. Mais elle ne tolérera pas qu'une adolescente de dix-sept ans et demi, disparue voilà bientôt dix ans, soit ensevelie dans l'oubli.

Je ne connais pas les avocats, Cécile. Au cours de ma vie, je n'ai guère eu affaire à eux, et tant mieux. Les quelques ténors du barreau que j'ai pu voir à la télévision ne m'ont guère impressionné. Mais face à Me Richard, j'ai eu confiance, d'instinct. Et, pour la première fois depuis longtemps, je me suis senti rassuré.

Selon elle, m'explique-t-elle à mots délicats, il convient d'explorer toutes les pistes restantes – notamment, celle qui voudrait que ton corps ait été enfoui sous le béton des fondations de l'autoroute de Maurienne, en construction à l'époque de ta disparition. Dans sa demande d'acte, elle a suggéré au juge d'entreprendre des recherches pour tenter de savoir si, oui ou non, ce peut être la vérité. Hélène Gerhards est d'accord. Les fouilles vont avoir lieu, ce n'est qu'une question de semaines. Je ne peux pas dire que j'en sois heureux. Mais, au moins, j'en aurai le cœur net. Et si l'on te retrouve là-bas, je pourrai faire le deuil et être en paix avec toi et avec moi-même.

Le train me ramène à Caen. La campagne défile. Quelques gouttes de pluie frappent les vitres, légères. Les cheminées fument plus fort au toit des maisons. Bientôt, la campagne se parera de vert. Je pense à toi, Cécile. Où que tu sois. Quoi qu'il te soit arrivé.

15

J'ai rencontré Marc-Olivier Fogiel. L'animateur n'a pas la réputation d'être commode. Certains le disent sec, voire cassant. D'autres soulignent son impertinence, ce qui n'enlève rien à son professionnalisme. Les téléspectateurs ne s'y trompent d'ailleurs pas. L'émission « T'empêches tout le monde de dormir », diffusée en direct sur M6, le mardi en seconde partie de soirée, bat des records d'audience. Raison supplémentaire d'y participer.

On ne prend jamais vraiment l'habitude des plateaux de télévision. Depuis onze ans, j'ai été l'invité d'une bonne quinzaine de reportages ou d'émissions. Je suis également apparu dans plusieurs documentaires. Je ne ressens ni peur ni inquiétude à l'idée d'y participer, mais une grande responsabilité. Sans doute parce que chacune de ces émissions est l'occasion de toucher un très grand nombre de gens, parmi lesquels, peut-être, le témoin qui permettra de savoir ce qui t'est arrivé. Pour cela, je me dois d'être clair, concis, émouvant, persuasif. Et surtout de n'oublier aucun élément du message que j'entends faire passer. Bref, ce 20 mai 2008, alors que je m'apprête à m'installer sur le plateau, je suis tout sauf décontracté.

J'ai pu, dans la loge, assister au début de l'émission. Générique nerveux et rapide, premiers plans sur « Marc-O », comme on l'appelle, arrivée des invités sous les applaudissements du public, puis les premiers témoignages, dont celui du paparazzi Jean-Claude Elfassi. On vient me chercher. Je m'installe sur mon siège pendant la diffusion d'un reportage consacré aux enfants disparus. À mon côté, Christina, une jeune femme dont le petit garçon a été enlevé par son père. Ensemble, nous regardons défiler les visages qui me sont hélas si familiers, ceux de Yannis, d'Aurore, d'Angélique, d'Estelle, de Marion. Et bien sûr le tien, Cécile. Puis l'écran de contrôle devient noir, les caméras se braquent sur nous. Et Marc-Olivier Fogiel nous donne successivement la parole.

Je ne me rappelle plus très bien les mots que j'ai prononcés ce soir-là. C'était un direct, je faisais très attention à ne pas les écorcher. Voilà très longtemps maintenant que je parle français. Il me reste une pointe d'accent britannique, mais j'ai parfois des difficultés à trouver le mot juste. Ce qui est certain, c'est que j'ai évoqué les onze années de ton absence, le mal qu'elles nous ont fait, à moi, à tous ceux qui t'aiment. Ensuite, j'ai parlé de la Journée internationale des enfants disparus, la sixième, qui doit avoir lieu le 25 mai au Champs-de-Mars. J'ai expliqué que cette manifestation sera l'occasion de voir leurs visages, de prononcer leurs noms, de revenir sur l'extrême injustice faite à leurs familles, celle de ne pas connaître leur sort.

J'en ai fini. Marc-Olivier Fogiel a l'air ému. Il nous salue, Christina et moi. Sa voix n'est plus si agacée, si impertinente. Elle est pleine de compassion.

25 mai. Il est 14 heures. Une petite foule emplit le Champ-de-Mars. Je la connais bien, elle se compose de parents qui, comme moi, ont vu un de leurs enfants disparaître. Joffrey Dagneau, dix-sept ans en 1997. Stéphane Hirson, dix-sept ans en 1994. Aurore Pinçon, quatorze ans en 1995. Karine Ledoux, dix-sept ans en 1999. Léo Balley, six ans en 1996. Et puis les autres, tous les autres.

Nous nous saluons d'un hochement de tête : ici, les « comment ça va ? » ne sont pas de mise. Ça ne va pas bien, cela se voit aux mines de papier mâché, aux cernes noirs soulignant les yeux, aux cheveux qui, trop vite, sont devenus gris ou blancs. Comme les autres, je porte ces marques. Quand tu as disparu, Cécile, mon visage était encore rond, presque juvénile. J'étais trapu, mes cheveux étaient poivre et sel. Aujourd'hui, mes joues se sont creusées, j'ai perdu du poids, mes cheveux ont blanchi. Le poids des années ? Celui du chagrin ? Qu'importe, le résultat est le même. J'ai vieilli, peut-être plus vite que je ne l'aurais dû.

Toi aussi, Cécile, tu as changé. Ta dernière photo était celle d'une toute jeune fille, visage rond, grands yeux rieurs, bouche charnue, moue enfantine. La juge Hélène Gerhards nous a transmis le cliché qu'elle a fait vieillir par des services spécialisés. Il représente une jeune femme que j'ai du mal à reconnaître : la bouche est trop pleine, le nez trop droit, les yeux sont trop petits. Je ne t'imagine pas ainsi. Es-tu toujours en vie ? Alors tu es une femme, tu abordes la trentaine. Si tu avais eu des enfants, ils seraient peut-être à l'école primaire.

16 heures. Un lâcher de ballons éclaire le ciel de taches multicolores. Ils montent bien droit, puis, portés par le vent, s'éloignent avant de disparaître. La réunion est presque finie. Déjà. Çà et là, on replie les banderoles. Cette journée m'a semblé très

courte – comme, d'ailleurs, le temps que l'on veut bien t'accorder. Onze ans que l'on s'occupe de toi en pointillé. Le monde change. Ta disparition n'en reste pas moins scandaleuse. Comme cela me paraît injuste…

Parfois, quand je parle de toi, je lis dans les yeux de certains de mes interlocuteurs un rien d'incrédulité. Comment ? Onze ans que Cécile a disparu et tu cherches encore à savoir ce qui s'est passé, ce qu'elle est devenue ? Eh oui, onze ans. Et douze pour les parents de Marion. Cinq pour le père d'Estelle. Parce qu'un enfant qui disparaît, on n'en fait jamais le deuil. Comment le pourrait-on ? Le dimanche 8 juin 1997, tu me parlais au téléphone, tu devais passer les épreuves du baccalauréat. Le lendemain, tu avais disparu. Il restait encore tout de toi, tes affaires, tes vêtements, tes souvenirs. On aurait dit que tu avais quitté l'appartement pour quelques minutes. Et puis tu n'es jamais revenue. Marion et Estelle rentraient de l'école. On les a vues passer, fillettes heureuses, tranquilles ; elles ne sont jamais arrivées chez elle. Charazed est sortie un jour d'été, ses frères et sœurs regardaient la télévision ; elle n'est jamais rentrée. Depuis, malgré les recherches, aucune trace d'elle, aucune piste déterminante, rien. Comment accepter qu'aucun de leurs proches, jamais, ne sache quel sort leur a été réservé, à elles comme à toi, Cécile ?

Après-demain, je me rendrai une nouvelle fois à Saint-Jean-de-Maurienne. Les fouilles destinées à retrouver les restes de ton corps, s'il a été enseveli sous les fondations de l'autoroute A43, vont commencer. Elles ont été annoncées par la presse, notamment par *Le Parisien*. L'opération de la « dernière chance », affirme l'article. Je ne veux pas le croire.

Je prends le train pour Albertville en compagnie de Caty Richard. Il est tôt, nous nous calons à nos places respectives. Je me dirige vers le lieu où, peut-être, sera retrouvé ton corps. Elle me demande ce que je ressens. Je lui réponds qu'il est au-delà de mes forces d'espérer qu'on te retrouve sans vie. Mais il me faut savoir. Afin d'en finir, enfin, avec ces onze années d'interrogations.

Je regarde défiler le paysage. Paris s'éloigne, la banlieue se fait moins dense, voici les premiers champs, les premières forêts. Nous nous enfonçons au cœur de la France, celle des campagnes, avec son blé qui commence à pousser, ses villages fleuris, sa douceur et sa tranquillité. Un peu plus loin encore, les contreforts des montagnes se dessinent, cimes poudrées de blanc. Nous approchons. Le temps de fermer les yeux, nous y sommes presque. Le train entre en gare.

Marcher le long du quai, comme si ce voyage était ordinaire. Récupérer la voiture louée, prendre la route de Saint-Jean-de-Maurienne, soixante kilomètres encore à parcourir. Il pleut à verse, et l'appréhension monte. Un déjeuner sur le pouce, je mange à peine, comment pourrais-je avoir de l'appétit ? Puis Caty Richard et moi reprenons la route jusqu'au lieu des fouilles.

L'endroit est sinistre. Il pleut à verse, on n'y voit pas à 10 mètres. On ne devine même pas le cercle de montagnes qui nous entoure, ni ces sentiers de randonnée que tu as si souvent parcourus. Tu aimais marcher. Montées, descentes, rien ne te fatiguait. Tu revenais de tes balades les joues rosies, les yeux pétillants, racontant longuement ce que tu avais vu, les premières jonquilles, les bourgeons prêts à éclore, les marmottes qui avaient croisé ton chemin, cet écureuil qui t'avait longuement regardée et que tu avais pu approcher sans qu'il s'enfuie. Que s'est-il passé lors de cette promenade fatidique, il y a onze ans ? Ton chemin s'est-il arrêté là, sous cette autoroute en construction ? Depuis, elle a été achevée. Long ruban d'asphalte, elle est aujourd'hui fermée à la circulation, pour l'occasion.

Nous voyons arriver la juge Hélène Gerhards et sa greffière, accompagnées des techniciens chargés des recherches. Derrière elles, les journalistes attirés par ce scoop : la recherche d'un corps à l'aide d'un géoradar… L'appareil, de petite taille, est monté sur un chariot. Le tout ressemble à une tondeuse à gazon. L'antenne émettrice, nous explique un technicien, envoie à cadence élevée des ondes électromagnétiques dans le terrain, sous la forme d'impulsion de très courte durée. Lorsqu'elles heurtent certaines cibles, ces ondes retournent un signal transformé en images sur un écran témoin – une forme ovale, s'il s'agit d'un corps. La zone à fouiller, longue d'un kilomètre et demi, est divisée en cinq parties qui seront explorées l'une après l'autre durant trois jours…

Marcher, un peu en retrait, au côté de Caty Richard. Regarder le technicien avancer, pas à pas, les yeux sur l'écran de contrôle. Sentir son cœur s'emballer quand il ralentit, avoir l'estomac noué s'il poursuit sa route. Espérer que l'on te retrouve, Cécile. Prier pour que l'on ne te retrouve pas. Marcher encore, regarder le technicien qui s'arrête, là, sur un bout de route semblable à tous les bouts de route. Comprendre qu'il y a peut-être quelque chose d'enfoui, mais qu'il n'en est pas certain. Entendre qu'il faudra revenir, plus tard, avec une brigade cynophile, pour vérifier. On n'est sûr de rien. Les chiens inspecteront aussi les zones caillouteuses, celles où le géoradar fonctionne peu, ou mal. Reprendre la route, derrière la juge Hélène Gerhards et sa greffière. S'arrêter, enfin, quand l'ombre des montagnes signale l'arrivée du crépuscule. Répondre aux questions des journalistes. L'un d'eux, un reporter de TF1, me demande ce que je ressentirai si l'on retrouve le corps de ma fille. Je lui réponds :

« Je serai content. En même temps, cette perspective est effrayante. »

Le document s'intitule : « Rapport technique d'investigation, recherche de restes humains. » Il est classé à la cote D996 du dossier. Il détaille, par le menu, comment quatre chiens ont fouillé les merlons[1] en bordure de l'autoroute A43 et contrôlé les endroits suspects, après passage du géoradar.

Tu aimais les chiens, Cécile. Un jour, lorsque tu habitais à Val-de-Reuil avec ta mère et ton beau-père, un chiot, venu de nulle part, est arrivé à Mathan. Tu m'as demandé de le garder et de m'en occuper pendant la semaine. Il m'encombrait, cet animal ! Mais j'ai accepté, à condition qu'il n'entre pas dans la maison. Le week-end, tu étais heureuse de le retrouver. Et puis, un jour, il s'est enfui. On ne l'a jamais revu.

1. Protections de la section autoroutière des chutes de rochers, constituées de pneus usagés, de terre et de pierres.

Les chiens chargés de retrouver ton corps s'appelaient Rusty, Tyson, Vicking, Balthazar et Sarko – ça ne s'invente pas. En ce début de matinée du 27 mai 2008, Balthazar montre un léger intérêt sur une butte située près du rocher du Diable. Mais Rusty, qui a pris le relais, passe son chemin. Un peu plus tard, Sarko, Tyson, Vicking entrent en lice. Ils travaillent jusqu'à 16h15, sans résultat. Le lendemain, 28 mai, les quatre chiens n'ont pas plus de chance. Et le 29 mai, Vicking passe, sans rien manifester, à l'endroit où le géoradar a détecté un écho suspect. Tout ceci figure à la cote D996.

Le 29 mai, je n'étais plus là. Je ne suis resté qu'une seule journée à Saint-Jean-de-Maurienne. Mais je n'ai guère été surpris par les résultats négatifs de ces recherches. Après tout, il est fort possible que la portion d'autoroute inspectée n'ait pas été la bonne. Possible aussi, compte tenu de la configuration du terrain, que le géoradar n'ait pas été en mesure de remplir correctement son rôle. Une seule chose est certaine : nous voici revenus au point de départ.

Mauvaise nouvelle. La juge Hélène Gerhards va quitter Albertville à l'automne. Il y a pire. Elle est navrée mais n'en fait pas mystère : à ses yeux, il n'y a plus aucune piste exploitable. Voilà ce qu'elle m'annonce, ce 10 juin, à Albertville.

Je n'en suis pas étonné: la magistrate m'a déjà fait comprendre qu'elle ne sait plus ni quoi faire ni où chercher. Pour la première fois depuis des années, pourtant, je suis en colère contre la justice. Malgré le travail acharné de la juge Gerhards, l'affaire est au point mort. Cela signifie que, pour la justice, tu n'es plus rien, Cécile. Juste un dossier encombrant que l'on souhaite clore. Un peu comme si l'on disait: « Tout cela nous a pris assez de temps et d'énergie, passons à autre chose. » Je n'admettrai jamais que l'on referme ton dossier sans savoir ce qui t'est arrivé. Et cette fois, je ne suis pas seul à refuser cette éventualité. Car Me Caty Richard m'a assuré qu'elle mettrait tout en œuvre pour l'empêcher.

Désespoir, espoir, détermination. Voilà quels sentiments alternent en moi, au cours de cet été 2008. Il fait beau et chaud, mais pas question de prendre des vacances. Après de longues discussions avec Me Richard, la juge Gerhards a en effet accepté de repousser la clôture du dossier. Nous avons donc un dernier, un ultime délai: le 10 octobre prochain au plus tard, il faudra lui présenter une demande d'acte. Pour tenter d'y parvenir, j'ai décidé de prendre les choses à bras-le-corps et de lire l'intégralité de ton dossier. Aucun des trois juges d'instruction qui se sont succédé ne me l'a jamais proposé. Depuis ta disparition, il est resté enfermé dans leurs cabinets, pile grandissante de procès-verbaux empilés les uns sur les autres, classés dans des chemises. Me Caty Richard, la première, m'en a fourni l'intégralité sur un CD, après en avoir demandé l'autorisation au juge d'instruction.

Plus de mille cotes, qu'il faut ouvrir une à une et parcourir avec la plus extrême attention. Quelque part, dans l'une ou l'autre, se cache peut-être le secret de ta disparition. C'est notre dernière chance de le découvrir. Pour mieux y parvenir, j'ai décidé de faire appel à mes amis proches, tous membres de l'association. Nous diviserons ton dossier en six parties que nous lirons séparément, cote après cote. Ensuite, nous rassemblerons nos conclusions et nous verrons bien ce qu'il en sortira.

16

La lecture d'un dossier d'instruction est chose ardue. Auditions répétitives, récapitulatifs et synthèses, rapports d'expertise forment une masse de documents qu'un non-initié a bien du mal à déchiffrer. Il se heurte, d'abord, au langage juridique. Qu'est-ce qu'une commission rogatoire générale ? Un soit transmis ? Une saisine ? Quelle est la fonction du parquet ? Au fil des pages, la liste des interrogations s'allonge, et il faut bien de la persévérance pour ne pas jeter l'éponge.

Ce premier écueil n'est encore rien. Car dans les procès-verbaux amassés au cours d'une instruction, on découvre une foule de choses qui vous secouent. Ainsi, Cécile, certains de tes camarades affirment-ils que tu « fumais des joints », toi, la fille saine, la sportive, marcheuse émérite. Vrai ou faux ? Évidemment, c'est chose assez courante chez les adolescents. Et si tu as goûté à des substances prohibées, ce ne fut, j'en ai la certitude, que très occasionnel.

Oui, la lecture de ton dossier est éprouvante. Tout, dans les procès-verbaux, prend une allure suspecte. Tu embrassais des garçons, disent certains. Mais quoi ! à dix-sept ans et demi, l'inverse eût été surprenant. Tu en avais bien le droit, en attendant de trouver le bon. Comme tu avais le droit, aussi, de faire de l'autostop, même si ça n'est pas très prudent. Tu souhaitais partir de chez toi ? La vie de famille te pesait parfois ? Quoi de plus normal à ton âge. Tu étais une adolescente comme les autres, mais le dossier met cette adolescence à nu, et pas toujours pour le meilleur.

Cote après cote, je lis tout ce qu'on raconte sur toi. L'une de mes amies, qui avait accepté de travailler sur le dossier, y a finalement renoncé. Elle a l'impression de fouiller dans la vie d'autrui, cela la gêne terriblement. Heureusement, les autres membres de notre petite équipe n'ont pas eu les mêmes réticences. Comme moi, ils ont compris que la recherche des pistes prime les états d'âme, si nous voulons alimenter de nouvelles demandes d'actes.

Alors nous avançons. Cela nous prend un temps infini, mais le résultat, je pense, en vaudra la peine. Nous avons créé un fichier global Excel pour synthétiser toutes les pièces, chaque cote étant répertoriée sous treize rubriques : date, procédure, nature principale, lieu, personne concernée, etc. Nous rentrons les données les unes après les autres, patiemment. Le résultat est à la mesure de nos efforts. À partir du fichier et de sa fonctionnalité « filtre automatique », nous sommes en effet en mesure de faire apparaître les failles de l'enquête : déclarations de témoins contradictoires, questions mal ou pas posées, emplois du temps insuffisamment vérifiés, profil psychologique trop souvent négligé, actes demandés en vain par Me Verron et Me Richard, pistes passées à la trappe. Ce travail nous permet en outre d'isoler les dossiers sans intérêt qui encombrent la masse d'informations à traiter, dont certaines procédures purement administratives.

Une nouvelle lecture de l'affaire se dégage. Elle me consterne et me réjouit à la fois. Tant de choses n'ont pas été faites. Tant de choses restent à faire. Tant d'hypothèses sont encore à explorer…

En juin 2008, nous transmettons notre travail à Me Richard. Il lui permet de rédiger une note adressée au juge Gerhards, huit pages solidement argumentées réclamant de très nombreuses investigations supplémentaires.

La réponse, pour une fois, ne se fait pas trop attendre. Hélène Gerhards, comme elle nous l'avait annoncé, a quitté son poste ; mais un autre magistrat, Marlène Landais, a été chargée d'instruire ton dossier. C'est déjà une bonne nouvelle. La seconde, c'est que grâce à notre travail et à la pression des parties civiles, l'enquête va repartir de zéro. Allons-nous enfin apprendre ce qu'il est advenu de toi ?

Mais enquête est synonyme de discrétion, de secret et de silence. John B., officier de police judiciaire à la section de recherches de Chambéry, multiplie donc les investigations, tandis que Me Richard et moi-même attendons ses conclusions. Je ne suis pas impatient, bien au contraire. Cette fois, il faut aller au fond, croiser les hypothèses, les témoignages, sonder chaque piste, même la plus minuscule. Pour tout cela, il a besoin de temps. Je le rencontre à Saint-Jean-de-Maurienne, le 14 octobre 2009, en compagnie de Me Richard. Il me fait l'impression d'un homme intelligent, intègre, bien décidé à faire toute la lumière sur ta disparition. Je décide de le laisser faire son travail. Et de me replonger dans le mien.

28 octobre 2009. Aujourd'hui, Cécile, je fête ton trentième anniversaire en compagnie de mon frère et de mon cousin. Trente ans ! Tu ne dois plus ressembler en rien à l'adolescente que j'ai vue pour la dernière fois à Mathan, en avril 1997,

même si j'ai la certitude que je te reconnaîtrais si d'aventure je te croisais dans la rue, quelque part. As-tu les cheveux longs ou courts ? Portes-tu des boucles d'oreilles ? Te maquilles-tu ? As-tu troqué tes chaussures de sport et tes pantalons pour des escarpins et des tailleurs ?

Aimes-tu toujours la neige ? Enfant, je t'ai souvent emmenée en vacances à Charmey, en Suisse, avec Chloé et Matthew. Nous y retrouvions mon cousin Keith. Batailles de boules de neige, ski, longues promenades, repas chaleureux : des vacances heureuses. Un jour, je ne sais plus pour quelle raison, Keith t'a taquinée un peu trop, tu as pleuré et tu es venue te réfugier dans mes bras. Une petite bulle de tendresse. Le dernier jour, nous avons raté le train du retour, à cause de la route enneigée. Nous en avons profité pour aller déjeuner au McDo, tous ensemble. Un bon moment de plus, même s'il n'était pas très diététique ! Souvenir dérisoire ? Non. Tout ce que ma mémoire a gardé de toi, Cécile, est important. Chaque geste, chaque parole, chaque chanson, ta démarche, ton sourire, la manière que tu avais de me regarder… Ton maniement de la truelle lorsque nous avions remonté ce mur, un jour, à Mathan. Et puis tous les Noëls. Et ton dernier regard quand tu m'as dit au revoir, après ce week-end d'avril 1997 à Mathan.

Ce 28 octobre 2009, c'est le treizième de tes anniversaires sans toi. Jean-Luc Delarue t'a évoquée dans un nouveau « Ça se discute ». Béatrice Schönberg souhaite te consacrer un volet de son émission « Prise directe ». Son équipe nous a demandé, à Me Richard et à moi-même, de descendre à Saint-Jean-de-Maurienne pour les besoins du tournage. Nous avons accepté, même si, encore une fois, cela bouscule nos emplois du temps. Mais tu auras toujours la priorité, Cécile.

Tournage long et difficile, une journée entière à piétiner sur les lieux de ta disparition. Le procureur de la République, présent, est longuement interviewé, tout comme Caty Richard. Je réponds également aux questions des journalistes, toujours les mêmes – comment pourrait-il en être autrement ? En fin d'après-midi, nous prenons le chemin du retour, épuisés mais plutôt contents.

Hélas… Le 17 novembre, jour de la diffusion, je constate, amer, que ni Me Richard ni le procureur de la République n'ont été retenus au montage. J'en fais la remarque par écrit à Mme Schönberg, même si cela, bien sûr, ne change rien. La journaliste nous avait promis quarante minutes de reportage, sans nous préciser que quatre histoires différentes seraient traitées. C'est ce qui s'appelle être mis devant le fait accompli.

2010. Incroyable. Dix années après le nouveau millénaire. Treize ans que tu as disparu et que nous tentons de comprendre. Treize années d'angoisse, d'incertitudes. Un chemin long et ardu, semé de mirages : toutes ces pistes apparues les unes après les autres, avant de s'évanouir. Durant tout ce temps, quatre juges d'instruction se sont succédé, des dizaines d'enquêteurs ont travaillé d'arrache-pied, plus de mille cotes ont été engrangées. Et, au bout de tout cela, ce rapport, que John B. vient de déposer entre les mains de la juge Marlène Landais.

Il lui aura fallu presque deux ans pour mener sa tâche à bien. À lire ses conclusions, on comprend pourquoi. Avec patience et intelligence, l'officier de police judiciaire a en effet repris l'enquête depuis le début. Pour commencer, il a réentendu tous les protagonistes de ce week-end de juin 1997 au cours duquel tu as disparu.

Tous ? Non. Benoît, l'un des quatre garçons que tu avais invités à dîner le samedi 7 juin, est mort dans un accident de la route. Les autres ont répondu à la convocation, un rien contrariés. À commencer par Sébastien, ce garçon avec lequel tu as flirté. Il explique – c'est à la cote D1069 – qu'il voit de temps à autre Mathias ; ils sont papas tous les deux, ce qui les a rapprochés. Karim, lui, s'est engagé dans l'armée. Ils l'ont perdu de vue. Sébastien ne dit pas grand-chose de plus. Il confirme seulement que vous vous êtes bien embrassés, mais que tu ne comptais pas quitter Jérémie. Et que ce dimanche-là, lorsqu'il est parti, tu avais l'intention de réviser ton bac.

Viennent ensuite les autres, Mathias et Karim, qui ne se souviennent plus de rien, ou presque. Après tout ce temps, comment s'en étonner ? Également réinterrogés, Kamel, qui t'a téléphoné à 14 heures, le dimanche 8 juin 1997, pour te demander de lui rendre ses CD ; Sandrine, ta meilleure amie ; Monique Berger, ta professeure de sport ; Nicolas, Jérémie, ton amoureux. Mais aussi ton beau-père. Julien, ce garçon avec lequel tu aurais projeté d'aller faire de l'escalade. Et puis les autres, tous les autres, amis ou simples camarades.

Fort de sa connaissance du dossier, l'officier de police leur a posé de pertinentes questions, tentant d'élucider les points obscurs : horaires, déplacements, contradictions. Malgré tout son professionnalisme, il n'a pas réussi à en apprendre plus. « Nous avons été confrontés à un problème d'"érosion" plus ou moins massive des souvenirs de la plupart des témoins entendus », explique-t-il dans le procès-verbal coté D1167. Et il ajoute : « Les différentes dépositions ont tout au plus permis de préciser certains points sans jamais remettre en question les précédents témoignages. » Voilà pour le premier cercle, le plus proche de toi à l'époque de ta disparition…

Mais ce policier est un homme opiniâtre. Il n'en est pas resté là et s'est intéressé à de nombreux autres aspects du dossier. Ainsi, conscient que tu as pu faire une « mauvaise rencontre », il a tenté d'identifier les délinquants sexuels qui auraient pu te croiser ce dimanche 8 juin, en fin d'après-midi. F. S. et A. T. V. avaient déjà été entendus. L'enquêteur a de nouveau tenté de déterminer où ils se trouvaient exactement au moment de ta disparition. En vain – mais, dit-il, rien ne permet de penser qu'ils aient pu te croiser. Il a également entendu A. H. et F. M., originaires de Saint-Jean-de-Maurienne, qui ont eu maille à partir avec la justice pour des affaires de viols et d'agressions sexuelles. Là encore, John B. explique qu'il n'a relevé aucun élément permettant de les relier à toi.

Sans se décourager, il a fait réactiver la ligne téléphonique initialement dédiée à l'enquête, sous le même numéro d'appel. Il a pris attache avec la mairie de ton lieu de naissance pour mettre une alerte sur toute demande de ton extrait d'acte de naissance. Il a adressé de nouvelles réquisitions aux banques, pour savoir si tes comptes ont « bougé » depuis 1997. Il a fait réactualiser ta fiche dans le fichier des personnes recherchées. Ton ADN a été comparé aux différentes bases européennes consultables, notamment sur le critère des cadavres non identifiés. En vain. L'enquêteur, sur ce point, note que « seule l'Italie n'a pu réaliser ce travail, faute d'une base nationale ADN opérationnelle ».

Si tu reposes quelque part dans ce pays transalpin, sans que ton corps ait pu être reconnu, personne ne le saura donc jamais. Et personne ne saura jamais non plus si ta disparition a ou non quelque chose à voir avec celle de Marie-France Bonfanti, mère de deux enfants, âgée de vingt-cinq ans, qui s'est volatilisée le 22 mai 1986 alors qu'elle distribuait des prospectus dans les boîtes aux lettres de Pontcharra, ville de cinq mille habitants. John B. a bien tenté de récupérer le dossier, pour voir s'il présentait des similitudes avec le tien. Mais il n'existe plus.

Par curiosité, j'ai tapé le nom de Marie-France Bonfanti sur Google. Est apparue une dépêche de l'Associated Press en date du 27 juin 1990. Selon le journaliste qui l'a rédigée, de mystérieuses disparitions de femmes ont eu lieu, « ces années-là », à Pontcharra. Celle de Marie-France Bonfanti, mais aussi, le 9 mai 1985, celle de Marie-Ange Billoud, dix-neuf ans, qui tentait de rejoindre Chambéry en stop. Et, en 1981, celle de Liliane Chevènement, âgée d'une trentaine d'années, dont le corps a été retrouvé quatre mois plus tard. Étranglée…

L'officier de police n'a, semble-t-il, pas relevé ces étranges coïncidences. Peut-être les disparitions de ces trois femmes n'ont-elles rien à voir les unes avec les autres, et encore moins avec la tienne. Mais elles constituent une faille dans son enquête, par ailleurs rigoureuse. Il y en a d'autres. Le curé V. D. n'a pu être réentendu, il était déjà décédé lorsque l'enquêteur s'apprêtait à le faire. Malgré toutes les investigations, on n'a jamais retrouvé la Peugeot 305 immatriculée en Italie, roulant sur la RN6 à hauteur du carrefour de l'usine Péchiney, dans le sens Saint-Jean-Chambéry, dans laquelle trois témoins t'auraient vue monter le 8 juin 1997. Enfin, détail terrible, si France Télécom a livré aux enquêteurs le détail des appels sortants de la ligne de ton appartement pour les samedi 7 et dimanche 8 juin 1997, elle n'a pas jugé utile de fournir la liste des appels entrants. Ce qui signifie que si quelqu'un t'a appelée les 7 et 8 juin 1997, on ne le saura jamais.

La juge Marlène Landais a lu attentivement le rapport. Elle n'en est pas restée là. Elle nous a demandé, à Me Richard et à moi-même, de lui communiquer nos observations sur le travail effectué. Et pour mieux le parfaire, elle a adressé le dossier à l'adjudant-chef Christophe K., officier de police judiciaire, analyste en recherches criminelles au département d'analyses criminelles du Service technique de recherches judiciaires et de documentation de Rosny-sous-Bois. Un *profiler* qui n'en a pas le nom, mais toutes les compétences.

Ses conclusions figurent à la cote D1276 : vingt-cinq pages sans compter l'annexe, qui récapitulent sous forme de tableaux l'ensemble des événements extraits de la procédure. Un élément m'a vraiment interpellé. Le matin du dimanche 8 juin 1997, Claudine D., ta voisine, a eu l'impression que tu n'étais pas chez toi. Elle assure ne pas t'avoir croisée, ni même avoir entendu le moindre bruit jusqu'à 14 h 30, heure à laquelle elle est sortie. Étais-tu chez toi ce matin-là, Cécile ? Ou ailleurs ? Si tel est le cas, avec qui ? Cette personne t'a-t-elle donné rendez-vous pour la fin de l'après-midi ?

Tant de points non élucidés. La justice finira-t-elle par le faire un jour ? Elle s'y est employée, c'est vrai. Mais ce dossier est comme un arbre aux branches arborescentes. Ses milliers de rameaux se subdivisent eux-mêmes en brindilles, et plus le temps s'écoule, plus ce foisonnement devient inextricable. Le temps, voilà désormais l'adversaire. Il joue contre toi, Cécile, contre moi, contre nous. Je ne sais pas si nous parviendrons à le vaincre.

17

C'est fini. Voilà ce que je me dis. Nous sommes en juin 2012. Quinze ans que tu as disparu. La juge Marlène Landais a cédé la place à la juge Bourille-Noël, cinquième magistrat en charge de ta disparition. Elle n'a rien contre toi ni contre moi. Mais elle a tout de même demandé la clôture du dossier. Les fouilles à proximité de l'autoroute de Maurienne n'ont rien donné. Les investigations effectuées par l'enquêteur non plus. Me Caty Richard a déposé des observations sur son rapport et sur celui de l'adjudant-chef Christophe K. En vain. Aux yeux de la justice, le dossier n'est plus qu'un arbre mort. Il faut passer à autre chose.

Cela peut-il se terminer ainsi ? Pas tant que je vivrai. Le juge a beau dire, je reste persuadé que la vérité est là, quelque part, à portée de main. Personne ne l'a trouvée. Est-ce une raison suffisante ? Tu n'es pas un objet perdu, Cécile. Tu étais une adolescente pleine de vie et de projets, qui croquait l'existence à pleines dents. Tu ne mérites pas que l'on passe son chemin. Une mineure qui disparaît, on ne peut pas l'abandonner. Il y a forcément quelqu'un, quelque part, qui sait. Notre devoir est de continuer à le rechercher. C'est plus qu'important, c'est essentiel. Cela ne souffre aucune discussion. Voilà pourquoi Me Richard et moi avons fait appel de la décision. Et pourquoi j'ai écrit à Christiane Taubira, ministre de la Justice. Un courrier en forme d'appel au secours…

Ton dossier est là, sur mon ordinateur portable. Un peu plus de mille trois cents cotes désormais, qui tiennent sans problème dans mon disque dur. Comme les points laissés en suspens par l'officier de police, elles peuvent encore ouvrir des pistes, j'en suis certain. Pour quelle raison, le samedi 7 juin, veille de ta disparition, as-tu quitté le mur d'escalade sur lequel tu t'entraînais en compagnie de Sébastien, Karim, Benoît et Mathias ? Où t'es-tu rendue ? Qui as-tu rencontré ? Il faudrait le savoir. Qui est le garçon avec lequel tu as flirté et qui t'aurait perturbée, aux dires d'Anaïs, l'une de tes amies lycéennes ? On l'ignore. Anthony, qui était en sixième avec toi, appelle spontanément les gendarmes pour leur conseiller de contacter une certaine Jennifer. Pour quelle raison ? L'a-t-on jointe ou pas ? Selon Pierre-Olivier, l'un de tes amis, un garçon t'écrivait souvent depuis que tu avais participé à un stage Bafa. Tu as même dû lui demander d'arrêter. De qui s'agissait-il ?

Et tous les témoins qui ont cru te voir, se sont-ils tous vraiment trompés ? La piste « Christel », en Égypte, a-t-elle été convenablement exploitée ? V. D., ce curé qui dit t'avoir croisée marchant le long de la route, prête à te suicider, est décédé. Mais ne pourrait-on pas interroger sa famille, ses amis, pour savoir s'il leur en a dit plus ? A-t-on vraiment exploité toutes les pistes touchant à la délinquance sexuelle ? A-t-on fait le rapprochement entre ta disparition et celles des autres enfants ou adolescents disparus en Isère et que l'on n'a jamais revus ? Comment est-il possible que la voiture immatriculée en Italie dans laquelle tu aurais pu monter ne puisse être retrouvée ?

J'ai lu et relu les cotes, le rapport de synthèse et les demandes d'actes déposées par Me Richard. Je lui ai communiqué mes notes pour l'aider à préparer sa plaidoirie devant la cour d'appel. Nous nous y sommes rendus le 6 juin, avant-veille de l'anniversaire de ta disparition, il y a quinze ans. Depuis, j'attends la décision.

Je vis toujours à Mathan, notre maison. Mais souvent, quand l'anxiété se fait trop pesante, j'en sors, je monte dans ma voiture et je gagne Hermanville, sur la côte du Calvados. Le bourg est planté tout près de la plage, sur la route d'Ouistreham. Quelques maisons, une boulangerie, un camion-pizzeria, et cette étendue de sable immense, bordée d'une mer grise, en font un endroit magnifique à mes yeux.

Un jour, au cours d'une promenade, j'ai trouvé une petite maison, place du Cuirassé-Courbet, où un monument rappelle aux passants que, le 6 juin 1944, les Alliés ont débarqué ici pour libérer la France. Sur la grille de fer fermant le jardinet d'une petite maison en mauvais état, une pancarte marquée « à vendre ». Je n'avais nul besoin d'acheter une résidence secondaire. Je l'ai fait tout de même et j'ai entrepris de gros travaux, pièce après pièce. J'ai défriché le jardin situé à l'arrière.

Parfois, après avoir travaillé dur, je m'accorde une promenade. Je marche jusqu'à la digue, je parcours quelques centaines de mètres en bord de mer, puis je m'installe sur un banc. De là, je regarde les enfants jouer sur la plage. Parfois, je crois te reconnaître dans l'une ou l'autre de ces petites filles qui courent, nez au vent, à la rencontre de leurs parents.

Cette année, pour la première fois, je ne me suis pas rendu à la Journée internationale des enfants disparus. Pourquoi ? Sans doute parce que je vis au jour le jour, dans l'attente de la décision de la justice. Je n'ai pas eu le cœur à aller manifester. Je m'en veux un peu, mais j'ai fait tant d'efforts, depuis quinze ans, j'ai assisté à tant de réunions, j'ai collé tant d'affiches, je me suis déplacé si souvent que je sens la lassitude physique me gagner. Je ne suis plus si jeune, Cécile, j'ai soixante-sept ans. Je réserve mes forces pour ce qui est vraiment utile : le combat pour que ton dossier ne soit pas clôturé. Les journalistes, avertis, m'ont demandé des interviews en nombre. Parmi eux, Laure Bessi, une documentariste qui travaille pour l'agence Capa, de très bonne renommée. Elle prépare, avec d'autres collègues, un 46 minutes consacré aux parents d'enfants disparus, qui sera présenté par Karine Duchochois[1]. Comme nombre de ses confrères avant elle, Laure Bessi est venue à Mathan pour me rencontrer. J'ai été frappé par son intelligence et sa finesse. Son reportage rend parfaitement compte

1. Karine Duchochois est l'une des treize personnes accusées à tort de pédophilie dans la terrible affaire d'Outreau, à la fin des années 1990. Après son acquittement, elle a écrit un livre, puis elle est devenue journaliste. Elle a animé une chronique sur France Info et, sur la chaîne Planète Justice, une émission baptisée « Engrenage infernal ».

de tout ce qui s'est passé depuis ta disparition : ma terrible angoisse du début, ma rage envers l'homme – ou la femme ? – qui a pu te faire du mal, ma volonté de savoir ce qui t'est arrivé. La caméra, délicate, se pose doucement çà et là, zoome sur les objets que tu aimais – sans oublier tes photos, qu'elle rend admirables. Le ton des questions est juste, les réponses, du coup, le sont aussi. Le résultat, j'en suis certain, sera superbe.

D'autres journalistes me demandent des entretiens. Parmi eux, Michel Mary, du journal *Détective*. Quand il est arrivé dans ma petite maison d'Hermanville-sur-Mer, il pleuvait et l'air était humide. J'ai allumé un feu : à la veille de l'été, c'était plutôt saugrenu. Nous nous sommes installés dans le salon et nous avons longtemps parlé – quatre heures trente, a-t-il noté dans son article. « À la fois beaucoup et très peu pour raconter quinze ans d'une vie », a-t-il ajouté. Il a raison. Moi, je n'ai pas vu le temps passer.

11 juillet 2012. Un jour à marquer d'une pierre blanche. Il a commencé à Mathan, comme d'habitude. Je me suis levé tôt, j'ai pris mon petit-déjeuner et je suis sorti faire un tour dans le jardin. Les arbres vont bientôt donner des fruits. La pyramide de pierre que j'ai commencée il y a de si longues années n'est toujours pas terminée. Il n'y

a plus de moutons depuis longtemps. Désormais, comme tout le monde, je vais au supermarché et je déjeune sur le pouce d'une tranche de jambon cru, de quelques tomates et d'un peu de fromage. À l'intérieur, les pièces n'ont pas changé. Il faudrait sans doute repeindre. Cette maison, peu à peu, devient le fantôme d'elle-même.

Telles sont mes réflexions lorsque mon téléphone sonne. C'est Caty Richard. Elle m'annonce que la cour d'appel a fait droit à notre demande. Est-ce la presse ? Les reportages télévisés ? La lettre que j'ai adressée au ministre de la Justice, Christiane Taubira ? La plaidoirie de Me Caty Richard devant la cour d'appel de Chambéry ? Toujours est-il que l'ordonnance de refus de mesures d'instruction complémentaire prise par le juge Bourille-Noël est annulée. Ce qui veut dire, Cécile, que la justice va continuer à chercher.

L'espoir, de nouveau. L'espoir, ravivé par cette incroyable nouvelle : après tout ce temps, un témoin très important vient de se manifester. C'est une femme. Elle assure que l'un de ses amis, F., pourrait avoir un lien avec ta disparition. Ses dires sont suffisamment crédibles pour que John B. ait été missionné pour les vérifier – et pour faire de nouveau le point sur les pistes laissées en jachère.

Nous entrons de nouveau dans l'attente. Le 20 avril 2013, le magazine mensuel « 13 h 15 le samedi » te consacre quelques minutes. Le 8 juin, tu as disparu depuis seize ans. Le 27 septembre, le magazine « Pomme à gratter », diffusé sur France 3, reçoit Me Caty Richard. Le 28 octobre 2013, c'est ton trente-quatrième anniversaire. Noël me voit en Angleterre, l'arbre est toujours là, mon frère a pris une année de plus, moi aussi, ses enfants sont adultes, ses petits-enfants ont grandi. Chloé n'est plus infirmière : elle a décidé de chanter et de devenir comédienne, et elle s'en tire plutôt bien. Matthew est adulte. Je ne vois plus guère Maryse. 2014 est là, déjà, le policier enquête toujours, le juge Bourille-Noël ne donne pas de nouvelles. Le 25 mai, *Le Parisien* te consacre un article. Moi, je ronge mon frein.

Le rapport de l'enquêteur est finalement déposé le 24 mars 2015. Il figure à la cote D1333 de ton dossier. Tu peux imaginer à quel point je suis impatient de le lire. Hélas, un mélange de déception et d'amertume monte en moi en le parcourant. Ce document n'apporte rien de neuf. John B. a repris la genèse des faits. Il récapitule les différents temps de l'enquête. La première partie couvre la période de 1997 à 2012, au cours de laquelle toutes les pistes – fugue, accident, suicide, enlèvement – ont été envisagées, tandis qu'un important travail d'environnement a permis de préciser ton profil et ta personnalité.

Au moment de ta disparition, tu étais donc une jolie adolescente de dix-sept ans, intelligente et équilibrée, au comportement sain, ayant à la fois de nombreux amis, une famille aimante et des projets sérieux à court comme à long terme. Bonne élève, sportive, tu t'es prise de passion pour l'escalade. Joyeuse et optimiste, tu ne présentais *a priori* aucune prédisposition pour la fugue ou le suicide. Tu entretenais une liaison sérieuse avec Jérémie, tes relations familiales étaient harmonieuses, même si la fonction de ton beau-père, au sein du lycée, ne te permettait pas toutes les libertés que tu aurais souhaitées. Celle, par exemple, de recevoir facilement tes amis à ton domicile. Le week-end de ta disparition, tu as pu avoir le sentiment d'avoir transgressé une règle tacite et en avoir ressenti un réel malaise.

Ce dimanche 8 juin 1997 en fin d'après-midi, avance le policier tu es sans doute sortie pour t'oxygéner. Néanmoins, rien ne peut accréditer la thèse d'un enlèvement qui serait survenu au cours de ta balade. Au cours des années écoulées, de nombreux témoins ont expliqué t'avoir croisée en France ou même à l'étranger. Aucune de ces pistes ne s'est révélée crédible. Ton profil ADN, transmis au

Fnaeg pour comparaison et enregistrement, n'a jamais « parlé ». Les recherches menées en 2008 au géoradar sont restées vaines. En un mot comme en cent, toutes ces années d'investigation n'ont servi qu'à une seule chose : mettre en évidence que ta disparition reste inexplicable.

John B. en vient ensuite à la seconde partie de l'enquête, qui commence en 2012. Un témoin, C., que nous espérions précieux, a affirmé que l'un de ses proches, F., grand séducteur et mordu d'alpinisme, adepte de *via ferrata*[1], avait sans doute un lien avec le fait que tu te sois volatilisée. À preuve ? Il aurait maçonné son caveau funéraire lui-même, aux alentours du 13 juin 1997. De surcroît, toujours selon C., il aurait évoqué une « route des Anges », expression laissant à supposer qu'il parlait d'une voie le long de laquelle des corps auraient pu être enterrés. Pendant des mois, l'enquêteur a vérifié un à un chacun de ces éléments. Il en est arrivé à la conclusion que F. est totalement hors de cause. Le témoin sur lequel nous comptions tant n'en était pas un. Ce n'était qu'une femme trahie qui cherchait à se venger.

1. Itinéraire sportif sur une paroi rocheuse équipée de câbles, d'échelles, de pitons, etc.

25 mai 2015. Nouvelle Journée internationale des enfants disparus, encore plus pénible pour moi que les précédentes. Dire que je suis découragé, Cécile, n'est rien encore. Je suis écœuré. Il y aura bientôt dix-huit ans que tu es partie. Et nous en sommes toujours au même point : le point zéro. Comment nous opposer encore à la clôture de ton dossier, de nouveau évoquée par la juge Bourille-Noël ? C'est déjà la quatrième fois. À quatre reprises, la justice a voulu fermer la porte à de nouvelles investigations. À quatre reprises, j'ai eu la sensation que l'on allait clouer le cercueil de ton dossier. Le nombre d'enfants disparus et jamais retrouvés est si faible. Les rechercher n'est pas ce qui alourdit la tâche des policiers et des magistrats. Pour quelle raison mettent-ils tant de persévérance à vouloir se débarrasser d'une instruction qui pourrait encore se révéler fertile ? Un dossier clos, cela signifie que, si un nouvel élément apparaissait, on ne pourrait l'exploiter que très difficilement, voire pas du tout. C'est hors de question, Cécile !

Une fois encore, et heureusement, les médias s'emparent de l'affaire. C'est même une véritable tempête médiatique qui se déchaîne. Tu apparais aux journaux télévisés de France 2, France 3, M6 et iTELE. On parle de toi sur les ondes : France Bleu, Europe 1 et RTL, où Jacques Pradel te consacre son émission « L'Heure du crime ». À la télévision, à la radio, inlassablement, je répète les mêmes mots : c'est un devoir de ne pas condamner ta disparition à devenir une énigme éternelle. C'est pour moi comme une plaie ouverte. Je ne pourrai jamais faire le deuil de toi sans savoir ce qui t'est arrivé.

Été 2017. Voilà plus de vingt ans que tu t'es volatilisée. J'ai retrouvé, enfoui au fond de mon garage, un tableau que tu avais peint. J'y ai vu comme un espoir. Je l'ai accroché au mur de mon salon. Sur mon bureau, tandis que j'écris les derniers mots de ce livre, une lettre. Tu l'as écrite au début de ta terminale et remise à l'un de tes professeurs :

« Je lis beaucoup en vacances, j'aime les romans qui nous instruisent sur l'histoire, l'actualité, comme *Léon l'Africain*, de Maalouf, ou *Plus grands que l'amour*, de Lapierre, ou les livres qui font réfléchir. La philo : c'est pour moi très abstrait, croyant au départ que nous devrions chercher en nous-mêmes. J'ai appris qu'il fallait beaucoup apprendre. J'ai lu *Le Monde de Sophie*, et cela m'a clarifié l'idée que je me faisais de la philosophie. J'ai vraiment envie de découvrir cette matière qui nous fait réellement réfléchir. Je souhaiterais faire l'UFR aps[1]. »

---

1. Unité de formation et de recherche en activités physiques et sportives.

Tu n'as jamais passé ton bac philo, Cécile. Tu n'as pas fait l'UFR APS. Il faut découvrir ce qui a fait basculer ta jeune vie. Quatre mois se sont écoulés depuis que nous avons rencontré la juge Bourille-Noël à Albertville, Me Caty Richard et moi-même. L'entretien, préparé de longue date par Me Richard, a été tendu, mais productif. Ton dossier, Cécile, n'est pas clos. Seulement en sommeil. Me Caty Richard et son équipe sont persuadées qu'il ne le restera pas longtemps et que la vérité sur ta disparition se trouve quelque part dans l'une de ses mille trois cents cotes. Ils travaillent d'arrache-pied pour la découvrir. Avec sa ténacité, Caty Richard est capable de nous surprendre. Peu avant que je mette un point final à ce livre, peut-être a-t-elle découvert une nouvelle piste.

En attendant que la machine judiciaire se remette en marche, ton visage sourit toujours sur l'affiche de l'APEV.

Remerciements

À tes frères et sœurs, en particulier à Chloé, ta grande sœur, qui a beaucoup souffert de ton absence.

Aux membres de ta famille en France et en Angleterre, et aux nombreux amis qui t'ont connue et dont le soutien m'a énormément aidé.

À ceux qui ne sont plus de ce monde, en particulier tes grands-parents maternels, Georges et Simone, ainsi qu'à ta nounou, Geneviève.

À Me Caty Richard, avocate, pour ses compétences, son dynamisme et son grand cœur.

AUX ÉDITIONS ARCHIPOCHE

1. Roger Caratini, Hocine Raïs, *Initiation à l'islam.*
2. Antoine Bioy, Benjamin Thiry, Caroline Bee, *Mylène Farmer, la part d'ombre.*
3. Pierre Miquel, *La France et ses paysans.*
4. Gerald Messadié, *Jeanne de l'Estoille.* I. *La Rose et le Lys.*
5. Gerald Messadié, *Jeanne de l'Estoille.* II. *Le Jugement des loups.*
6. Gerald Messadié, *Jeanne de l'Estoille.* III. *La Fleur d'Amérique.*
7. Alberto Granado, *Sur la route avec Che Guevara.*
8. Arièle Butaux, *Connard!*
9. James Patterson, *Pour toi, Nicolas.*
10. Amy Ephron, *Une tasse de thé.*
11. Andrew Klavan, *Pas un mot.*
12. Colleen McCullough, *César Imperator.*
13. John Jakes, *Charleston.*
14. Evan Hunter, *Les Mensonges de l'aube.*
15. Anne McLean Matthews, *La Cave.*
16. Jean-Jacques Eydelie, *Je ne joue plus!*
17. Philippe Bouin, *Mister Conscience.*
18. Louis Nucéra, *Brassens, délit d'amitié.*
19. Olivia Goldsmith, *La Femme de mon mari.*
20. Paullina Simons, *Onze heures à vivre.*
21. Jane Austen, *Raison et Sentiments.*
22. Richard Dooling, *Soins à hauts risques.*
23. Tamara McKinley, *La Dernière Valse de Mathilda.*
24. Rosamond Smith, *Double diabolique.*
25. Édith Piaf, *Au bal de la chance.*
26. Jane Austen, *Mansfield Park.*
27. Gerald Messadié, *Orages sur le Nil.* I. *L'Œil de Néfertiti.*
28. Jean Heller, *Mortelle mélodie.*
29. Steven Pressfield, *Les Murailles de feu.*
30. Jean-Louis Crimon, Thierry Séchan, *Renaud raconté par sa tribu.*
31. Gerald Messadié, *Orages sur le Nil.* II. *Les Masques de Toutankhamon.*
32. Gerald Messadié, *Orages sur le Nil.*

III. *Le Triomphe de Seth.*

33. Choga Regina EGBEME, *Je suis née au harem.*
34. Alice HOFFMAN, *Mes meilleures amies.*
35. Bernard PASCUITO, *Les Deux Vies de Romy Schneider.*
36. Ken MCCLURE, *Blouses blanches.*
37. Colleen MCCULLOUGH, *La Maison de l'ange.*
38. Arièle BUTAUX, *Connard 2!*
39. Kathy HEPINSTALL, *L'Enfant des illusions.*
40. James PATTERSON, *L'amour ne meurt jamais.*
41. Jean-Pierre COLIGNON, Hélène GEST, *101 jeux de logique.*
42. Jean-Pierre COLIGNON, Hélène GEST, *101 jeux de culture générale.*
43. Jean-Pierre COLIGNON, Hélène GEST, *101 jeux de langue française.*
44. Nicholas DAVIES, *Diana, la princesse qui voulait changer le monde.*
45. Jeffrey ROBINSON, *Rainier et Grace.*
46. Alexandra CONNOR, *De plus loin que la nuit.*
47. BARBARA, *Ma plus belle histoire d'amour.*
48. Jeffery DEAVER, *New York City Blues.*
49. Philippe BOUIN, *Natures mortes.*
50. Richard NORTH PATTERSON, *La Loi de Lasko.*
51. Luanne RICE, *Les Carillons du bonheur.*
52. Manette ANSAY, *La Colline aux adieux.*
53. Mende NAZER, *Ma vie d'esclave.*
54. Gerald MESSADIÉ, *Saint-Germain, l'homme qui ne voulait pas mourir.*
    I. *Le Masque venu de nulle part.*
55. Gerald MESSADIÉ, *Saint-Germain, l'homme qui ne voulait pas mourir.*
    II. *Les Puissances de l'invisible.*
56. Carol SMITH, *Petits meurtres en famille.*
57. Lesley PEARSE, *De père inconnu.*
58. Jean-Paul GOURÉVITCH, *Maux croisés.*
59. Michael TOLKIN, *Accidents de parcours.*
60. Nura ABDI, *Larmes de sable.*
61. Louis NUCÉRA, *Sa Majesté le chat.*

62. Catherine COOKSON, *Jusqu'à la fin du jour.*
63. Jean-Noël BLANC, *Virage serré.*
64. Jeffrey FOX, *Les 75 Lois de Fox.*
65. Gerald MESSADIÉ, *Marie-Antoinette, la rose écrasée.*
66. Marc DIVARIS, *Rendez-vous avec mon chirurgien esthétique.*
67. Karen HALL, *L'Empreinte du diable.*
68. Jacky TREVANE, *Fatwa.*
69. Marcia ROSE, *Tout le portrait de sa mère.*
70. Jorge MOLIST, *Le Rubis des Templiers.*
71. Colleen MCCULLOUGH, *Corps manquants.*
72. Pierre BERLOQUIN, *100 jeux de chiffres.*
73. Pierre BERLOQUIN, *100 jeux de lettres.*
74. Pierre BERLOQUIN, *100 jeux de déduction.*
75. Stuart WOODS, *Un très sale boulot.*
76. Sa Sainteté le DALAÏ-LAMA, *L'Art de la sagesse.*
77. Andy MCNAB, *Bravo Two Zero.*
78. Tariq RAMADAN, *Muhammad, vie du Prophète.*
79. Louis-Jean CALVET, *Cent ans de chanson française.*
80. Patrice FRANCESCHI, *L'Homme de Verdigi.*
81. Alexandra CONNOR, *La Faute de Margie Clements.*
82. John BERENDT, *La Cité des anges déchus.*
83. Edi VESCO, *Le Guide magique du monde de Harry Potter.*
84. Peter BLAUNER, *Vers l'abîme.*
85. Gérard DELTEIL, *L'Inondation.*
86. Stéphanie LOHR, *Claude François, secrets de famille.*
87. Jacqueline MONSIGNY, *Floris.* I. *Floris, fils du tsar.*
88. Jacqueline MONSIGNY, *Floris.* II. *Le Cavalier de Pétersbourg.*
89. Arièle BUTAUX, *La Vestale.*
90. Tami HOAG, *Meurtre au porteur.*
91. Arlette AGUILLON, *Rue Paradis.*
92. Christopher REICH, *Course contre la mort.*
93. Brigitte HEMMERLIN, Vanessa PONTET, *Grégory, sur les pas d'un ange.*
94. Dominique MARNY, *Les Fous de lumière.* I. *Hortense.*
95. Dominique MARNY, *Les Fous de lumière.* II. *Gabrielle.*
96. Yves AZÉROUAL, Valérie BENAÏM, *Carla Bruni-Sarkozy, la véritable histoire.*

97. Philippa Gregory, *Deux sœurs pour un roi.*
98. Jane Austen, *Emma.*
99. Gene Brewer, *K-pax.*
100. Philippe Bouin, *Comptine en plomb.*
101. Jean-Pierre Colignon, Hélène Gest, *101 jeux Cinéma-Télé.*
102. Jean-Pierre Colignon, Hélène Gest, *101 jeux Histoire.*
103. Jean-Pierre Colignon, Hélène Gest, *101 jeux France.*
104. Jacqueline Monsigny, *Floris.* III. *La Belle de Louisiane.*
105. Jacqueline Monsigny, *Floris.* IV. *Les Amants du Mississippi.*
106. Alberto Vásquez-Figueroa, *Touareg.*
107. James Cain, *Mort à la plage.*
108. Hugues Royer, *Mylène.*
109. Eduardo Manet, *La Mauresque.*
110. Jean Contrucci, *Un jour tu verras.*
111. Alain Dubos, *La Rizière des barbares.*
112. Jane Hamilton, *Les Herbes folles.*
113. Senait Mehari, *Cœur de feu.*
114. Michaël Darmon, Yves Derai, *Belle-Amie.*
115. Ed McBain, *Le Goût de la mort.*
116. Joan Collins, *Les Larmes et la Gloire.*
117. Roger Caratini, *Le Roman de Jésus.*
I. *De Bethléem à Cana.*
118. Roger Caratini, *Le Roman de Jésus.*
II. *De Tibériade au Golgotha.*
119. Franz Liszt, *Chopin.*
120. James W. Huston, *Pluie de flammes.*
121. Joyce Carol Oates, *Le Sourire de l'ange.*
122. Nicholas Meyer, *Sherlock Holmes et le fantôme de l'Opéra.*
123. Pierre Lunel, *Ingrid Betancourt, les pièges de la liberté.*
124. Tamara McKinley, *Éclair d'été.*
125. Ouarda Saillo, *J'avais 5 ans.*
126. Margaret Landon, *Anna et le roi.*
127. Anne Golon, *Angélique.* I. *Marquise des anges.*
128. Anne Golon, *Angélique.* II. *La Fiancée vendue.*
129. Jacques Mazeau, *La Ferme de l'enfer.*
130. Antonin André, Karim Rissouli, *Hold-uPS, arnaques et trahisons.*

131. Alice HOFFMAN, *Un instant de plus ici-bas.*
132. Otto PENZLER, *Quand ces dames tuent !*
133. Philippe BOUIN, *La Gaga des Traboules.*
134. Jane HAMILTON, *La Brève Histoire d'un prince.*
135. Jean-Michel COUSTEAU, *Mon père le commandant.*
136. Judith LENNOX, *L'Enfant de l'ombre.*
137. Stéphane KOECHLIN, *Michael Jackson, la chute de l'ange.*
138. Jeffrey ARCHER, *Frères et Rivaux.*
139. Jane AUSTEN, *Orgueil et Préjugés.*
140. Kim WOZENCRAFT, *En cavale.*
141. Andrew KLAVAN, *La Dernière Confession.*
142. Barry UNSWORTH, *Le Joyau de Sicile.*
143. Colleen MCCULLOUGH, *Antoine et Cléopâtre.* I. *Le Festin des fauves.*
144. Colleen MCCULLOUGH, *Antoine et Cléopâtre.* II. *Le Serpent d'Alexandrie.*
145. Santa MONTEFIORE, *Le Dernier Voyage du* Valentina.
146. Charles TODD, *Trahison à froid.*
147. Bertrand TESSIER, *Belmondo l'incorrigible.*
148. Elizabeth MCGREGOR, *Une intime obsession.*
149. Anne GOLON, *Angélique.* III. *Fêtes royales.*
150. Anne GOLON, *Angélique.* IV. *Le Supplicié de Notre-Dame.*
151. Clinton MCKINZIE, *La Glace et le Feu.*
152. Edi VESCO, *Soleil d'hiver.*
153. Tariq RAMADAN, *Mon intime conviction.*
154. Jean-Dominique BRIERRE, *Jean Ferrat, une vie.*
155. Dale BROWN, *Feu à volonté.*
156. Émile BRAMI, *Céline à rebours.*
157. Joyce Carol OATES, *Œil-de-serpent.*
158. Didier PORTE, *Sauvé des ondes.*
159. Alberto VASQUEZ-FIGUEROA, *Les Yeux du Touareg.*
160. Jane AUSTEN, *Persuasion.*
161. Michaël DARMON, Yves DERAI, *Carla et les ambitieux.*
162. Alexandre DUMAS, *Les Borgia.*
163. Julie GREGORY, *Ma mère, mon bourreau.*
164. Philippa GREGORY, *L'Héritage Boleyn.*
165. Tamara MCKINLEY, *Le Chant des secrets.*

166. Dominique JAMET, *Ces discours qui ont changé le monde.*
167. James PATTERSON, *Rendez-vous chez Tiffany.*
168. Anabelle DEMAIS, *Liaison dangereuse.*
169. Deborah SMITH, *Un café pour deux.*
170. Yann QUEFFÉLEC, *Le Piano de ma mère.*
171. Gerald MESSADIÉ, *Jacob, l'homme qui se battit avec Dieu.* I. *Le Gué du Yabboq.*
172. Judith LENNOX, *Des pas dans la nuit.*
173. Colleen MCCULLOUGH, *Les Caprices de Miss Mary.*
174. Jonathan KING, *La Voix des oubliés.*
175. Gerald MESSADIÉ, *Jacob, l'homme qui se battit avec Dieu.* II. *Le Roi sans couronne.*
176. Bernard PASCUITO, *Célébrités : 16 morts étranges.*
177. Tami HOAG, *Contre toute évidence.*
178. Anatole LE BRAZ, *La Légende de la mort.*
179. Jane AUSTEN, *Northanger Abbey.*
180. Ronlyn DOMINGUE, *Le Souffle de l'éternité.*
181. Judy WESTWATER, *Abandonnée !*
182. Donald JAMES, *Vadim.*
183. Heather LEWIS, *Le Second Suspect.*
184. Louis PERGAUD, *La Guerre des boutons.*
185. Lori LANSENS, *Les Filles.*
186. Philippe BOUIN, *Paraître à mort.*
187. Jeffrey FOX, *Comment être un bon manager.*
188. Clinton MCKINZIE, *Au-dessus du gouffre.*
189. Daniel SILVA, *Le Messager.*
190. Simon MAWER, *Faille intime.*
191. STENDHAL, *La Chartreuse de Parme.*
193. Joyce Carol OATES, *L'Amour en double.*
194. Gerald MESSADIÉ, *Ramsès II l'Immortel.* I. *Le Diable flamboyant.*
195. Gilles van GRASDORFF, *Le dalaï-lama, la biographie non autorisée.*
196. Ann RADCLIFFE, *Les Mystères d'Udolpho.*
197. Deborah SMITH, *La Montagne de l'ours.*
198. Lisa GARDNER, *Jusqu'à ce que la mort nous sépare.*
199. James PATTERSON, *Contre l'avis des médecins.*

200. Robert Belleret, *Jean Ferrat, le chant d'un révolté* (pack).
201. Gerald Messadié, *Ramsès II l'Immortel.*
II. *Le Roi des millions d'années.*
202. Siski Green, *Faire l'amour à une femme, le guide.*
203. Siski Green, *Faire l'amour à un homme, le guide.*
204. Jacqueline Monsigny, *Le Maître de Hautefort.*
205. Bertrand Tessier, *Bernard Giraudeau, le baroudeur romantique.*
206. Allan Folsom, *La Conspiration Hadrien.*
207. Charles Dickens, *Le Mystère d'Edwin Drood.*
208. Jacqueline Monsigny, *La Dame du bocage.*
209. Bertrand Tessier, *Delon & Romy.*
210. Tamara McKinley, *L'Héritière de Jacaranda.*
211. Bertrand Pascuito, *Dalida, une vie brûlée.*
212. Patrick Mahé, *Elvis et les femmes.*
213. Anne Brontë, *Agnes Grey.*
214. Cecilia Samartin, *Le Don d'Anna.*
215. Marie-Bernadette Dupuy, *Le Refuge aux roses.*
216. Pierre Lunel, *L'Abbé Pierre, l'insurgé de Dieu.*
217. Colleen McCullough, *Fleurs sanglantes.*
218. Wilkie Collins, *Le Secret.*
219. Gerald Messadié, *Ramsès II l'Immortel.*
III. *Celle qui s'empara du ciel.*
220. Jacqueline Monsigny, *La Tour de l'orgueil.*
222. Lisa Gardner, *La Fille cachée.*
223. Anne Brontë, *La Dame du manoir de Wildfell hall.*
224. Jane Hamilton, *Un acte de désobéissance.*
225. Gene Hackman, *L'Étoile perdue.*
226. Mary Elizabeth Braddon, *La Trace du serpent.*
227. Sameem Ali, *Le Voile de la douleur.*
228. Lisa Gardner, *Tu ne m'échapperas pas.*
229. Doris Glück, *Niqab.*
230. William Diehl, *La Loi du silence.*
231. Bernard Pascuito, *Annie Girardot.*
232. Matt Bondurant, *Des hommes sans loi.*
233. Roger Moore, *Amicalement vôtre.*
234. Mary Webb, *La Renarde.*

235. Philippe Bouin, *Va, brûle et me venge.*
236. Henry James, *Lady Barberina.*
237. Amelia Opie, *Adeline Mawbray.*
238. Bertrand Tessier, *La Dernière Nuit de Claude François.*
239. Shirin Ebadi, *La Cage dorée.*
240. Charles Dickens, *De Grandes Espérances.*
241. Joyce Carol Oates, *Le Département de musique.*
242. Gerald Messadié, *4 000 ans de mystifications historiques.*
243. Wilkie Collins, *La Pierre de lune.*
244. Kirk Douglas, *Le Fils du chiffonnier.*
245. Kathy Glass, *Violentée.*
247. Louis-Jean Calvet, *Léo Ferré.*
248. Elizabeth Von Arnim, *La Bienfaitrice.*
249. Deborah Smith, *Le Secret d'Alice.*
250. Jean-Luc Delarue, *Carnets secrets.*
251. Tamara McKinley, *La Terre du bout du monde.*
252. Charlotte Brontë, *Villette.*
253. Seymour Hersch, *La Face cachée du clan Kennedy.*
254. Cecilia Samartin, *La Belle Imparfaite.*
255. Marie-Bernadette Dupuy, *L'Amour écorché.*
256. George Eliot, *Silas Marner.*
257. Jean-Noël Blanc, *Grandes heures du Tour de France.*
258. Colleen McCullough, *Fleurs sanglantes.*
259. Frances Trollope, *La Veuve Barnaby.*
260. Sam Bernett, *Johnny, 7 vies.*
261. Charlotte Link, *La Belle Hélène.*
262. Charles Dickens, *La Mystérieuse Lady Dedlock.*
263. Charles Dickens, *Le Choix d'Esther.*
264. Michel Embareck, *La mort fait mal.*
265. Richard Condon, *Un crime dans la tête.*
266. Alfredo Colitto, *L'Élixir des Templiers.*
267. Emily Brontë, *Les Hauts de Hurlevent.*
268. *Le Coran.*
269. Philippe Crocq, Jean Mareska, *La Vie pas toujours rose d'Édith Piaf.*
270. Mary Elizabeth Braddon, *Le Secret de lady Audley.*
271. Gerald Messadié, *Et si c'était lui ?*

272. Kate SNELL, *Le Dernier Amour de Diana.*
273. Wilkie COLLINS, *La Dame en blanc.*
274. Mélanie ROSE, *La Mémoire d'une autre.*
275. Raluca NATHAN, *L'Âme tatouée.*
276. Candice COHEN-AHNINE, *Rendez-moi ma fille.*
277. *Les Prophéties de Nostradamus.*
278. *Le Grand et le Petit Albert.*
279. Patrice FRANCESCHI, *Quatre du Congo.*
280. Patrice FRANCESCHI, *Terre farouche.*
281. Patrice FRANCESCHI, *Qui a bu l'eau du Nil…*
282. Patrice FRANCESCHI, *Raid papou.*
283. Reynald ROUSSEL, *Ce que les morts nous disent.*
285. Michel TAUBMAN, *Le Roman vrai de DSK.*
286. René BENJAMIN, *Gaspard.*
287. Philippa GREGORY, *La Reine clandestine.*
288. David DOSA, *Un médium nommé Oscar.*
289. Sharon MCGOVERN, *Terrifiée.*
290. Annabelle DEMAIS, *Rose sang.*
291. Maud TABACHNIK, *Je pars demain pour une destination inconnue.*
292. Pierre MIKAÏLOFF, *Bashung, vertige de la vie.*
293. Anthony TROLLOPE, *L'Héritage Belton.*
294. Jacqueline MONSIGNY, *La Sirène du Pacifique.*
295. Charlotte BRONTË, *Jane Eyre.*
296. Stéphane BOUCHET, Frédéric VÉZARD, *Cantat, l'amour à mort.*
297. Molly WEATHERFIELD, *Dangereux plaisirs.*
298. Jacques LAURENT, *Caroline chérie* (t. 1).
299. Jacques LAURENT, *Caroline chérie* (t. 2).
300. Cathy GLASS, *Ne dis rien.*
301. Tamara MCKINLEY, *Les Pionniers du bout du monde.*
302. Gerald MESSADIÉ, *L'Impératrice fatale.* I. *La Fille Orchidée.*
303. Joyce Carol OATES, *Une troublante identité.*
304. Lysa S. ASHTON, *De cuir et de soie.*
305. SHEILA, *Danse avec ta vie.*
306. Cecilia SAMARTIN, *Rosa et son secret.*
307. Elizabeth VON ARNIM, *Père.*

308. Gerald MESSADIÉ, *L'Impératrice fatale. II. Le Bûcher du Phénix.*
309. Marie-Bernadette DUPUY, *Le Cachot de Hautefaille.*
310. Bernard PASCUITO, *Coluche.*
311. Nicholas MEYER, *La Solution à 7 %.*
312. Elizabeth GASKELL, *Ruth.*
313. Kathy HARRISON, *Les Larmes de Daisy.*
314. Sarah LARK, *Le Pays du nuage blanc.*
315. Louise COLET, *Un drame dans la rue de Rivoli.*
316. Dorothy CHITTY, *Mon ange gardien m'a sauvée.*
317. James HAYMAN, *L'Écorcheur de Portland.*
318. Judith LENNOX, *Mes sœurs et moi.*
319. Fred HIDALGO, *Jacques Brel.*
320. Amale El ATRASSI, *Louve Musulmane.*
321. Antonin MALROUX, *La Fille des eaux vives.*
322. Gérard LENORMAN, *Je suis né à vingt ans.*
323. Alexandre DUMAS, *Le Docteur mystérieux.*
324. Michel QUINT, *Veuve noire.*
325. Jack LANCE, *Tu es mort.*
326. Anne ROUMANOFF, *Normal 1er, roi des Français.*
327. Marc ALYN, *Monsieur le chat.*
328. Madeleine GOLDSTEIN, *On se retrouvera. Survivre à Auschwitz.*
329. Hermine de CLERMONT-TONNERRE, *Le Savoir-vivre au XXIe siècle.*
330. Sean BOYNE, *Mon père m'a vendue.*
331. Alexandre DUMAS, *La Fille du marquis.*
332. Éd. par Joseph VEBRET, *De l'amour, une anthologie de lettres et de poèmes.*
333. Guy ROUX, *Il n'y a pas que le foot dans la vie.*
334. Charlotte BRONTË, *Le Professeur.*
335. Diane et Bernie LIEROW, *Sauvée par l'amour.*
336. Edgar MORIN, *Au péril des idées.*
337. Nicholas MEYER, *L'Horreur du West End.*
338. Émile ZOLA, *Madeleine Férat.*
339. Bernard VINCENT, *Lincoln, l'homme qui sauva les États-Unis.*
340. Raphaël DELPARD, *L'Enfant sans étoile.*
341. Jacqueline BRISKIN, *Paloverde.*

342. Joyce Carol OATES, *Fleur vénéneuse.*
343. Karl ZÉRO, *Disparues.*
344. Colleen MCCULLOUGH, *Tim.*
345. Charles DICKENS, *La Petite Dorrit* (t. 1).
346. Lizzie MCGLYNN, *Je te pardonne, papa.*
347. Charles DICKENS, *La Petite Dorrit* (t. 2).
348. Joseph VEBRET, *Maman, ces poèmes sont pour toi.*
349. Thomas HARDY, *Loin de la foule déchaînée.*
350. Alexandre DUMAS, *Le Chevalier de Maison-Rouge.*
351. Tamara MCKINLEY, *L'Or du bout du monde.*
352. Marie-Bernadette DUPUY, *Du sang sous les collines.*
353. Pearl BUCK, *L'Énigme éternelle.*
354. Colleen MCCULLOUGH, *Un autre nom pour l'amour.*
355. Lewis WALLACE, *Ben-Hur.*
356. Michael CLEMENGER, *Dans l'enfer de l'orphelinat.*
357. Georges SAND, *Le Dernier Amour.*
358. Cécilia SAMARTIN, *La Promesse de Lola.*
359. Lilly LINDNER, *Moi Lilly, violée, prostituée.*
360. Alexandra RIPLEY, *Charleston.*
361. Mario PUZO, *Le Sang des Borgia.*
362. Jacqueline BRISKIN, *Les Sentiers de l'aube.*
363. Alexandre DUMAS, *Jane.*
364. Tariq RAMADAN, *L'Islam et la réforme radicale.*
365. Anne de BOURBON-SICILES, *Le Chant du pipiri.*
366. Sacha BUZMANN, *Le Jouet du prédateur.*
367. Michel EMBARECK, *Le Rosaire de la douleur.*
368. Pamela HARTSHORNE, *L'Écho de ton souvenir.*
369. Sarah LARK, *Le Chant des esprits.*
370. Brenda JAGGER, *Les Chemins de Maison Haute.*
371. Edgar MORIN, *Au rythme du monde.*
372. François DELPLA, *Nuremberg face à l'Histoire.*
373. Cathy GLASS, *Maman dit que c'est ma faute.*
374. Susan HILL, *La Main de la nuit.*
375. Mélanie ROSE, *Coups de foudre.*
376. Patrick POIVRE-d'ARVOR, *Rapaces.*
377. Alexandra RIPLEY, *La Demoiselle du Mississipi.*
378. Colleen MCCULLOUGH, *La Passion du docteur Christian.*

379. Marie-Françoise LOOCK, *L'Encyclopédie des trucs.*
380. Alexandra RIPLEY, *Retour à Charleston.*
381. Thomas HARDY, *Le Maire de Casterbridge.*
382. Paula HADDAD, *J'ai liké ton profil… et j'aurais pas dû.*
383. Brenda JAGGER, *Le Silex et la Rose.*
384. Karl ZÉRO, *Coupable, non coupable.*
385. Constance MEYER, *La Jeune Fille et Gainsbourg.*
386. Stefan Au Dem SIEPEN, *La Corde.*
387. Lucy DILLON, *Chiens perdus et cœurs solitaires.*
389. Kim MESSIER, *Baiser à Manhattan.*
390. Tina ROTHKAMM, *Mon combat pour libérer ma fille.*
391. Lindsay CHASE, *Un amour de soie.*
392. Dawn FRENCH, *Cette chère Sylvia.*
393. James PATTERSON, *Celui qui dansait sur les tombes.*
394. Thomas HARDY, *Jude l'obscur.*
395. Brenda JAGGER, *Retour à Maison Haute.*
396. Peter BENCHLEY, *Les Dents de la mer.*
397. Hugues ROYER, *Est-ce que tu m'entends ?*
398. Tariq RAMADAN, *De l'Islam et des musulmans.*
399. Bertrand TESSIER, *Grace, la princesse déracinée.*
400. Tamara MCKINLEY, *L'Ile aux mille couleurs.*
401. Diana LAMA, *Scalpel.*
402. Pierre RIPERT, *La Franc-maçonnerie révélée aux profanes.*
403. Thomas HARDY, *Le Retour au pays natal.*
404. Sarah LARK, *Le Cri de la terre.*
405. Mary-Jane CLARK, *Vous promettez de ne rien dire ?*
406. Marie-Bernadette DUPUY, *Les Croix de la pleine lune.*
407. Jacqueline BRISKIN, *Le Palais du comte Paskevitch.*
408. Borris STARLING, *Vendredi saint.*
409. Colleen MCCULLOUGH, *Le Dernier Banquet.*
410. Allison DUBOIS, *Ce que nous disent les défunts.*
411. Andreas GRUBER, *48 heures pour mourir.*
412. Edgar Rice BURROUGHS, *Tarzan, seigneur de la jungle.*
413. Tariq RAMADAN, *Être occidental et musulman aujourd'hui.*
414. TOLSTOÏ, *Guerre et Paix* (t. 1).
415. TOLSTOÏ, *Guerre et Paix* (t. 2).
416. Lindsay CHASE, *Le Torrent des jours.*

417. Colleen McCullough, *Les Quatre Filles du révérend Latimer.*
418. Hélène Montel, *Détruite.*
419. Alain-Joseph Bellet, *Je communique avec les défunts.*
420. Philippa Gregory, *La Princesse blanche.*
421. Piero Degli Antoni, *Bloc 11.*
422. Daniels Hope, *Abandonnée de tous.*
423. Mary-Jane Clark, *Si près de vous.*
424. Judith Krantz, *À nous deux, Manhattan.*
425. Mélanie Rose, *Retour sur Terre.*
426. Tamara McKinley, *Et le ciel sera bleu.*
427. Jacqueline Briskin, *Les Aigles et la Colombe.*
428. Tariq Ramadan, *Introduction à l'éthique islamique.*
429. Joseph Wambaugh, *Soleils noirs.*
430. Boris Starling, *Vipère noire.*
431. Robin Lee Hatcher, *La Bonne Fortune d'Élisabeth Wellington.*
432. Luc Mary, *Les Derniers Jours des Romanov.*
433. Jean Philippe, *Les Deux Vies de Zidane.*
434. Virginia Woolf, *Mrs Dalloway.*
435. Julie Bocage, *160 recettes ventre plat.*
436. Cecilia Samartin, *Nora ou le paradis perdu.*
437. Rosanne Bittner, *Orages sur la plaine.*
438. Cathy Glass, *La Petite Princesse de papa.*
439. Mary Jane Clark, *Vengeance par procuration.*
440. James Patterson, *Black friday.*
441. Judith Krantz, *Rendez-vous.*
442. Jolien Janzing, *L'amour caché de Charlotte Brontë.*
443. Adeline Yen-Mah, *Feuilles d'automne.*
444. Tariq Ramadan, *Le Génie de l'islam.*
445. Edith Wharton, *Chez les heureux du monde.*
446. Navin Chawla, *Mère Teresa.*
447. Robin Lee Hatcher, *Les Orages du Sud.*
448. Catherine Barneron, *Et pourtant, tu étais ma maman.*
449. Tessa Harris, *Meurtre à Oxford.*
450. Claude Tillier, *Mon oncle Benjamin.*
451. Christina, Celeste, Juliana Jones, *Jamais sans mes sœurs.*
452. Tamara McKinley, *Les Orages de l'été.*

453. Herbert George WELLS, *La Guerre des mondes.*
454. Ensaf HAIDAR, *Mon mari, ma douleur, mon espoir.*
455. Jean-Louis BEAUCARNOT, *Le Dico des politiques.*
456. Sarah LARK, *Les Rives de la terre lointaine.*
457. Marie-Bernadette DUPUY, *Un festival meurtrier.*
458. Herbert George WELLS, *L'Ile du docteur Moreau.*
459. Claude TILLIER, *Les Aventures de Mr Pickwik* (t. 1).
460. Claude TILLIER, *Les Aventures de Mr Pickwik* (t. 2).
461. Suzette FRANCIS, *Les Dix Lois de l'amour.*
462. DALAI-LAMA, *Sur la voie de l'Éveil.*
463. Rosalind LAKER, *Mademoiselle Louise.*
464. Anne de BOURBON-SICILES, *J'ai quelque chose à te dire.*
465. Alexandra RIPLEY, *Pour tout l'or du Sud.*
466. Robin LEE HATCHER, *La Maîtresse des Quatre-Vents.*
467. James PATTERSON, *La Diabolique.*
468. Edith WHARTON, *Au temps de l'innocence.*
469. Oliver JONATHAN, *Cécile, ma fille, ma disparue.*

Cet ouvrage a été composé
par Soft Office (à Eybens)

Impression réalisée par
CPI France
en août 2017
pour le compte des Éditions Archipoche

Imprimé en France
N° d'édition : 469
N° d'impression : 3023828
Dépôt légal : août 2017